La fragancia del Amor Puro

Swamini Krishnamrita Prana

Mata Amritanandamayi Center, San Ramon
California, Estados Unidos

La fragancia del Amor Puro
por Swamini Krishnamrita Prana

Publicado por:
Mata Amritanandamayi Center
P.O. Box 613
San Ramon, CA 94583
Estados Unidos

—————— *Fragrance of Pure Love (Spanish)* ——————

Primera edición por MA Center: septiembre de 2016

En España: www.amma-spain.org
fundación@amma-spain.org

En la India:
inform@amritapuri.org
www.amritapuri.org

Índice

«No tienes idea
de lo intensamente que he buscado
un regalo para traerte.
Nada parecía adecuado.
¿De qué sirve llevar oro a la mina de oro,
o agua al mar?
Todo lo que encontraba
era como llevar especias a Oriente.
No sirve darte mi corazón y mi alma,
porque Tú ya los tienes.
Así que te he traído un espejo.
Mírate a Ti Mismo
y recuérdame a mí».

— Rumi

Capítulo 1

Encontrando un hogar con Dios

La primera vez que vi a Amma, en 1982, estaba sentada en una pequeña cabaña hecha de hojas de cocotero hablando con algunas personas que también estaban sentadas en el suelo a su alrededor. Cuando entré, Amma se levantó de un salto y se me acercó para saludarme con un abrazo de bienvenida. Su desbordante amor me dejó sin aliento. Estaba casi en estado de shock, ya que nunca había imaginado que nadie pudiera dar tanto amor a una desconocida.

Acababa de llegar de un centro espiritual en el Norte de la India en el que el *guru* se sentaba a una cómoda distancia y a nadie se le permitía tocarlo. Algunos maestros espirituales piensan que pueden perder su energía si los tocan. Se dice que la energía fluye hacia abajo por el cuerpo y sale por los pies. Cuando se tocan los pies con veneración, se puede recibir una bendición. Muchos maestros, para proteger su energía, no permiten ningún contacto físico, sino solo postraciones a distancia.

Amma estaba muy por encima de todo eso. Desde su compasión, ofrecía con entusiasmo su cuerpo, su vida y su alma al mundo. A mi mente «espiritualmente educada» le resultaba completamente increíble. Creía que lo sabía todo sobre la espiritualidad, pero Amma me mostró rápidamente que no sabía nada sobre el Amor Divino puro. Estaba asombrada del amor y el cariño que emanaba tan espontáneamente de Ella.

Por suerte para mí, la Gracia se manifestó dándome la oportunidad de quedarme con Ella en su *ashram* en una época en la que solo había catorce residentes.

Vivir con Amma me abrió todo un nuevo ámbito de devoción en el que mi mente podía canalizarse en una dirección útil, lejos del mundo. Experiencias espirituales sobre las que solo tenía noticia por lecturas o de oídas se convirtieron en una experiencia directa ante mis propios ojos, manifestándose en la vida y las acciones de Amma. Y al mismo tiempo Ella era siempre tan humilde… Su humildad está entre sus más profundas y sutiles enseñanzas.

Al principio me costaba entender sus acciones, ya que nunca había visto a nadie tan embriagado de Dios. En ocasiones se tumbaba en la arena o en el regazo de alguna de nosotras cantándole a Dios o solo dejándose llevar a un estado divinamente ebrio, riéndose o llorando en éxtasis.

Amma nos guiaba en las prácticas espirituales diarias, animándonos a escoger una forma de lo Divino distinta de Ella misma como objeto de meditación. Para aumentar nuestra devoción y desarrollar nuestra sed y nuestro anhelo de unión con lo Divino, teníamos que ansiar una forma que todavía no tuviéramos a nuestra disposición. Afortunadamente para nosotros, la forma de Amma era muy fácil de alcanzar. Estaba a disposición de cualquiera que buscara su compañía, durante horas y horas todos los días, incluso a lo largo de toda la noche.

Llegó un momento en que decidimos construirle a Amma una casita para que tuviera más privacidad. De lo contrario siempre tenía visitas, y se encontraba a merced de todos y cada uno veinticuatro horas al día. Se construyeron dos cuartitos en el piso de arriba para que Amma viviera en ellos, uno para dormir, otro para recibir visitas. Usábamos la habitación de abajo para meditar. Durante los primeros meses después de que se hubiera terminado el edificio Amma se negó a mudarse de su chocita, pues pensaba que esas dos habitaciones nuevas eran demasiado lujosas para Ella. En realidad eran sencillísimas. Por fin nuestras insistentes súplicas lograron que Amma se rindiera y se trasladara a ellas.

Todos los días nos reuníamos en la habitación del piso de abajo para sentarnos a meditar. Un día, uno de los *brahmacharis* (discípulos varones célibes) se puso a practicar un *asana* especial de *yoga* que yo nunca había visto antes. Lo observé con los ojos como platos y gran curiosidad meter hacia adentro todo el abdomen hasta que quedó completamente cóncavo. Me asombraba que un cuerpo pudiera hacer algo parecido.

Pensé: «¡Oh, Dios mío!¿Qué está pasando aquí?» Mientras miraba atónita cómo desaparecía su abdomen, Amma entró en la habitación, me vio con la boca abierta y dijo:

—A partir de ahora las chicas se sentarán fuera.

Desde ese momento las pocas chicas que había empezamos a sentarnos en el exterior de la sala de meditación, en la galería. Era mucho más agradable estar fuera, con una vista de los cocoteros, las extensiones de arena y la ría. Ahí fuera, con la naturaleza, me imaginaba a *Sri Krishna* bailando justo fuera de mi alcance, como cuando las gotas de la lluvia caen del cielo a la tierra.

Aprendí que la imaginación puede ser uno de los mayores regalos, y que puede guiarnos durante largos períodos de meditación. Es difícil obtener concentración y mantenerla durante mucho tiempo, pero cuando usamos la imaginación positivamente, puede llevarnos más y más alto en la espiritualidad.

La vida era gozosa con Amma, al contrario de todo lo que había experimentado antes o hubiera podido imaginar que existiera; pero también había épocas más difíciles.

Aunque la dicha de la vida espiritual es incomparable, en la espiritualidad hay un término conocido como «la noche oscura del alma».

Es un estado en el que se siente una intensa angustia, como si se encontrara una encajada entre la atracción de la vida mundana y el deseo de una vida espiritual. El dolor se produce porque todavía no hemos abrazado completamente la vida espiritual. Durante esa época sabemos que no hay otro camino aparte del viaje espiritual, pero de alguna manera el mundo nos sigue atrayendo, y eso nos provoca un intenso sufrimiento.

Durante mis primeros años con Amma sentía que me pasaba algo parecido a eso. Recuerdo que me daba demasiada vergüenza como para decírselo a nadie. Pensaba que era la única a la que le sucedía y me sentía fatal porque creía que nadie más podía sentir cosas tan viles o tener sentimientos tan espantosos. Cuando por fin se lo confesé a otro de los residentes occidentales, me dijo que él también había experimentado exactamente lo mismo durante los dos primeros años que pasó con su primer *guru*. Darme cuenta de que esa «noche oscura» no era infrecuente entre los buscadores espirituales me ayudó a ir más allá de ella.

Amma revela que la verdadera fe no puede ser quebrantada. Si lo es, no se trata de verdadera fe. Lo bueno es que, cuando hayamos pasado por esa etapa, nunca podremos perder la fe en Dios. Es una experiencia común que los dos primeros años de vida a tiempo completo en un *ashram* son los más duros, porque hay que realizar toda clase de ajustes a un nuevo modo de vida.

Amma nos recuerda que no somos islas. Todos somos eslabones de la misma cadena. Todos vamos a experimentar en gran medida las mismas cosas en la vida, aunque de modo ligeramente diferente.

El consejo que Amma me dio en esta época de sufrimiento fue que tenía que conseguir apegarme a Amma o al *ashram*. Asombrosamente, elegí el *ashram*.

Había ido a vivir con Amma para que me guiara como mi *guru*. Parecía que casi todos los demás habían venido al *ashram* para que Amma fuera su Madre. Por eso tenían una cercanía amorosa maternal mucho mayor que yo con Ella. Para mí, que consideraba a Amma ante todo como mi *guru*, había una cierta distancia. Además de amor, yo sentía un temor reverencial por Amma porque La veía sobre todo como mi *guru*, y por eso me parecía que era más fácil crear un vínculo de apego con el *ashram*. Años después, supe que el aspecto de «*bhaya bhakti*» (temor reverencial) es una parte necesaria de la devoción, que nos impide comportarnos demasiado informalmente con el *guru*.

Durante mis primeros diez años en el *ashram* viajé con Amma a todos los lugares a los que iba. Cuando el número de personas que viajaban con nosotras empezó a crecer, me pareció que sería mejor quedarme a ayudar con el mantenimiento del siempre creciente *ashram*. Creía que sería más útil haciendo algún trabajo en el *ashram* que viajando con Amma y cientos de personas. Después de todo, para mí el *ashram* era justo lo mismo que Amma. Se dice que el *ashram* es el cuerpo del *guru* y eso es lo que yo siempre he sentido realmente.

A la mayor parte de la gente le encanta estar en presencia física de Amma, pero no sienten necesariamente lo mismo respecto al *ashram*. Yo empecé al revés, sintiendo un firme compromiso con el *ashram*. Con el despliegue de una profunda Gracia, acabé teniendo la oportunidad de acercarme también a Amma.

Amma sabía que yo era la clase de persona adecuada para mantener una cierta distancia de Ella, así que poco a poco me fue atrayendo más y más cerca cuando notaba que era el momento adecuado. Quizá también sintiera que era el momento adecuado para trabajar un poco más profundamente sobre mí.

Ahora amo aún más a Amma que al *ashram*; sin embargo, en realidad son una sola cosa. En esencia, un *ashram* es el cuerpo del *guru* y *Amritapuri* es mi cielo sobre la tierra.

Capítulo 2

Una infancia de mangos y dicha

Siempre que viajamos en coche con Amma Ella habla invariablemente de su infancia. Su rostro se ilumina de gozo cuando recuerda cómo eran los viejos tiempos. A veces me pregunto por qué elige tan a menudo pensar en esos días. Quizá sea porque los valores del altruismo y amor estaban mucho más vigentes entonces.

Cuando Amma crecía, los valores tradicionales constituían la base de la vida de la aldea y la familia. Ella dice que, como todos estaban tan centrados en dar y compartir, no necesitaban otras prácticas espirituales. Recuerda con cariño una y otra vez su juventud para recordarnos que también nosotros nos aferremos a estos valores fundamentales del altruismo, el amor, el dar y el compartir como la base de nuestra vida.

Una vez Amma estaba hablando con un devoto, y le contaba que su madre trabajaba continuamente. Su madre criaba gallinas, patos, cabras y vacas. Cuidaba los pequeños cocoteros y hacía cuerdas con la fibra de la cáscara de los cocos. Plantaba montones de plantas medicinales ayurvédicas en el patio delantero, recogía sus hojas y preparaba medicamentos para tratar toda clase de enfermedades, desde la tos y la fiebre hasta la hinchazón de las manos. Aunque no tenía estudios, la madre de Amma era una excelente mujer de negocios y a menudo ganaba el doble de dinero que su marido. Siempre estaba trabajando además de cuidar de su gran familia. A pesar de tanto trabajo duro, era bondadosa con todos. Su trabajo físico era difícil, pero en aquellos tiempos las acciones se realizaban con una actitud de adoración y tenía la mente continuamente concentrada en Dios.

Cuando la madre de Amma cocinaba, lo primero que hacía siempre era apartar algo para los vecinos o para cualquier persona que pudiera tener hambre. El primer pensamiento siempre era dar a los demás. En aquella época esa actitud altruista surgía naturalmente. Si llegaban invitados, se les servía la mejor comida disponible y a los niños solo se les daba para la comida agua de arroz. En protesta, a veces los niños robaban yogur o trozos de coco, lo mezclaban con azúcar y se lo comían juntos en secreto. Si los descubrían, se llevaban una buena reprimenda.

Amma siempre estaba dispuesta a hacer cualquier cosa por ayudar cuando llegaban invitados a su casa. A veces, cuando no había madera seca, subía a un cocotero y arrancaba algunas hojas secas para hacer un fuego para el té. A veces su madre no encontraba a Amma por ninguna parte y acababa descubriéndola subida a un cocotero. Entonces la reñía, diciéndole:

—¡No va a querer casarse contigo nadie, nada más que un trepador de cocoteros!

Amma siempre cambiaba rápidamente de tema.

Si se celebraba una boda en la aldea, todos ayudaban ofreciendo joyas de oro o algo de dinero para garantizar la supervivencia de los recién casados. En aquella época nadie pensaba en ahorrar para el día de mañana sino que siempre daban todo lo que tenían.

A menudo, las personas ricas piensan que son libres para hacer todo lo que quieran; pero si carecen de los valores básicos del amor desinteresado y el trabajo duro con una actitud adecuada, les resultará muy difícil hallar la verdadera felicidad. Actualmente, los buenos principios se están extinguiendo rápidamente. En la India y en todo el mundo los valores antiguos se están erosionando a toda velocidad.

La cultura entera y la perspectiva espiritual de Amma se basa en los valores de dar y en la alegría que procede de ellos. Ella está intentando evitar que esos valores desaparezcan del mundo ofreciendo un ejemplo perfecto para que lo imitemos.

Amma ejemplifica en su propia vida el ideal del altruismo puro. Puede decir a los demás que descansen si están enfermos, pero Ella nunca lo hará. La mayor parte de las personas intentan hacerse más fácil la vida buscando la salida más rápida y más cómoda, pensando solo en lo que pueden llevarse. Amma, por el contrario, siempre sigue el camino tradicional, purista, y nunca hace concesiones respecto a sus valores de amor y compasión. Solo piensa en qué puede dar.

Amma ha visto siempre la maravilla y la belleza de Dios en todas partes. Desde que era pequeña, Amma sabía que Dios estaba en todo: las vallas, los árboles, las plantas, las mariposas… en absolutamente todo. Recuerda que perseguía las libélulas, las mariposas, las abejas y los pájaros del bosque que rodeaba su casa. A veces las abejas y las libélulas Le picaban cuando las alcanzaba, no dándose cuenta de que solo quería cantarles canciones. Componía canciones espontáneamente cuando bailaba llena de dicha por el bosque, contándoles historias a los árboles y a las flores. Hablaba con toda la naturaleza como una amiga íntima, porque para Amma verdaderamente lo era.

Cuando vamos en coche y Amma ve un río, recuerda cómo iban todos los niños a nadar a la ría. Si no las dejaban nadar, las niñas se metían en el río y se arremangaban los vestidos por encima de las rodillas. De ese modo podían jugar en el agua manteniendo seca la ropa para que sus madres no las descubrieran.

Cuando Amma era pequeña, si hacía mucho viento, Ella y todos los demás niños iban corriendo a los mangos y pedían fervientemente que la

21

brisa tirara frutos al suelo. Actualmente, el mero sonido del viento en los árboles le recuerda a Amma esas inocentes oraciones.

En el mundo actual la creación entera está suplicando el toque curativo de la Madre Divina. No solo las personas, sino también la propia Madre Naturaleza. Cuando Amma estaba creciendo, la profunda conexión de los aldeanos con la naturaleza les permitía apreciar que la Madre Naturaleza nos está dando cosas constantemente de una manera desinteresada. En nuestros tiempos sucede lo contrario: nuestra falta de veneración nos ha llevado a la destrucción que está padeciendo la naturaleza. Para proteger el mundo en que vivimos hay que restablecer los valores tradicionales del cuidado y el respeto de todos los seres.

Hace unos pocos años, en la isla de Mauricio, Amma insistió en ir a una determinada residencia para bendecir la casa y a la familia propietaria. Esa familia ya no vivía allí y la casa estaba vacía. A los demás nos parecía que era completamente innecesario que Amma se tomara todo ese trabajo. Acababa de dar *darshan* durante toda la noche y queríamos que descansara; pero Ella se mantuvo firme.

Quería volver al lugar en el que se había alojado hacía años para poder darles las gracias a los árboles, las plantas y las paredes de la casa que la habían cobijado. Nos recordó que nunca debíamos olvidar el lugar del que hemos venido y que siempre debíamos estarle agradecidos.

Capítulo 3

Nacida para elevar a la humanidad

Amma supo desde el principio que el objetivo de su vida era elevar a la humanidad sufriente. Sus expresiones de amor desbordante comenzaron cuando solo era una niña. Ya entonces se sentía impulsada a intentar aliviar el sufrimiento de los demás de cualquier manera que pudiera.

Amma ve a Dios en todas las cosas. Por eso pasó buena parte de su infancia en un estado de dicha. Sin embargo, también fue testigo de muchos casos de sufrimiento desolador debido a la tremenda pobreza de su aldea.

Muchos de los aldeanos padecían intensos dolores físicos porque no podían permitirse gastar unas pocas rupias en medicamentos. Había padres que se veían obligados a sacar a sus hijos de la escuela porque no tenían dinero suficiente para comprar ni una hoja de papel para los exámenes escolares.

Las pequeñas cabañas en las que vivían la mayoría de los aldeanos estaban hechas de hojas de coco trenzadas y había que volver a hacer los tejados todos los años, en especial antes del monzón. Si las familias no podían permitírselo, a menudo la lluvia se filtraba por los tejados. Las madres que tenían paraguas se pasaban la noche sentadas sosteniéndolos sobre sus hijos para protegerlos de la intensa lluvia. Si los pescadores no conseguían pescar nada, lo que era frecuente, esos aldeanos pobres no comían.

Algunos maridos ahogaban sus penas en el alcohol, bebiendo y jugando a las cartas en la playa. Al regresar a casa pegaban a sus mujeres. En ocasiones, los borrachos que pasaban por la calle también creaban problemas. Como sabía todo esto, Amma siempre tuvo el deseo de encontrar la manera de que todas esas personas, en especial las mujeres, tuvieran al menos una pequeña casa de dos habitaciones en la que cobijarse.

Cuando era pequeña, muchas personas mayores acudían angustiadas a Amma. Ella las consolaba de manera natural y espontánea, permitiéndolas llorar en su hombro o hundirse en su regazo. Si sus familias no mostraban interés en ayudarlas, Amma se llevaba a estas personas desatendidas a su casa para bañarlas, darles de comer y vestirlas adecuadamente.

Al pensar en los demás Amma se olvidaba de sí misma y se convertía en un río de amor y compasión que fluía hacia los desfavorecidos, transformando el dolor en esperanza y creando para muchas personas un futuro radiante.

Amma sentía como suyo el dolor cotidiano de los demás. Nunca pensaba si eran hombres o mujeres, sino que espontáneamente respondía al dolor que le salía al paso. Les daba la comida o el dinero que tenía o, si no, los buscaba e incluso a veces se los robaba a su familia para ayudar a los demás. Eso provocaba una enorme tensión en la familia.

La hermana de Amma recuerda: «Nuestra madre nunca le reñía a Amma cuando les daba comida a los pobres, pero Amma daba prácticamente todo lo que teníamos. Iba a visitar a la gente, volvía a casa y se llevaba cualquier cosa que necesitaran. Les daba arroz, verduras, ropa, utensilios de cocina, etc. Temíamos hasta por nuestro jabón de baño. En aquella época a nosotros eso nos parecía robar. A veces yo entraba en el cuarto de baño y tiraba el jabón que Amma había utilizado para bañar a alguna persona mayor. Me daba tanto asco que no soportaba usar el mismo jabón que ellos habían tocado. Le contábamos a nuestra madre todo lo que Amma hacía y La castigaban, e incluso Le daban azotes. Ahora es cuando nos damos cuenta de que aquello era una caridad nacida de un amor incondicional. A menudo le pido perdón a Amma por todo lo que le hicimos pasar en aquella época, ignorando su naturaleza divina». En la familia había cuatro hijas y la sociedad de aquella época imponía numerosas reglas restrictivas a las mujeres: Las mujeres no debían ser vistas ni oídas. No debían hablar en voz alta: ni siquiera tenían que oírlas las paredes. La tierra no debía sentir sus pasos. Debían ser calladas y respetuosas con los hombres y no expresar nunca sus opiniones.

Amma y sus hermanas tuvieron una educación muy estricta. Su madre les decía que no debían hablar alto, correr o andar deprisa. Debían llevar una marca muy pequeña en el entrecejo, no una grande, y nunca tenían que llamar la atención.

Movida por la compasión, Amma ignoraba las duras reglas de la sociedad india. A medida que se hacía mayor, su comportamiento se volvía cada vez más extraño de acuerdo con las normas de la aldea. Se liberó de la jaula de hierro impuesta a las mujeres en aquellos días. Cuando empezó a dar *darshan* y a abrazar a desconocidos, hombres incluidos, su familia y los aldeanos se quedaron horrorizados. En ese momento muchas de las personas a las que Amma había ayudado durante años le dieron la espalda. No hay que echarle la culpa a la familia de Amma por su actitud ante el comportamiento de Esta. Estaban preocupados porque querían que sus cuatro hijas se casaran y tenían miedo de que el poco corriente comportamiento de Amma manchara el nombre de la familia.

¿Cómo iban a saber que su extraño comportamiento era solo una señal de su grandeza?

Por aquel entonces, los *sannyasis* (monjes hindúes) a menudo viajaban de pueblo en pueblo enseñando espiritualidad a la gente; pero Amma nunca vio a un *sannyasi* por su zona hasta que tuvo unos veinte años. Aceptó con paciencia la ignorancia de su familia y de la gente de la aldea porque conocía su misión y lo que el futuro le reservaba.

La verdad es que cuando una flor se abre y muestra su exquisita belleza y fragancia, ¿cómo puede mantenerse alejadas a las abejas?

Capítulo 4

La guru nos guía hacia Dios

Amma no solo se sienta y habla sobre espiritualidad. La vive todos los días dando un ejemplo perfecto. Sus acciones son aún más poderosas que los mensajes de las escrituras. Ella es la esencia viva de todas las escrituras. La historia sagrada de su vida es un ejemplo de todos los caminos del *yoga*: *karma* (acción desinteresada), *bhakti* (devoción), y *jnana* (conocimiento).

Amma nos recuerda que estamos destinados a la Divinidad e intenta despertar en nosotros el deseo de felicidad eterna. En las acciones del *guru* podemos ver a Dios de forma tangible. Con Amma, el Amor Divino se puede ver y sentir como nuestra propia experiencia.

El ciclo completo de nuestra evolución física y espiritual está perfectamente planeado. Por tanto, debemos aprender a entregarnos con el fin de ir más allá de nuestro dolor y alcanzar estado final de unión con lo Divino. En realidad, creamos todos nuestros problemas con la actitud negativa de la mente. La *guru*, llena de compasión, crea situaciones que destruyen esa negatividad y desmantelan nuestro ego, que lentamente se va desgastando.

Una mujer española que no entendía inglés estaba visitando el *ashram*. Quería comprar algo dulce, así que fue al café, cuya carta solo está escrita en inglés. Compró un trozo de tarta porque se anunciaba como «sin ego». Le pareció que Amma era muy compasiva ofreciendo tartas sin ego; pero en realidad el cartel decía «sin huevos». Nunca sabemos de qué forma está actuando Ella sobre nosotros... Hay una historia conmovedora sobre un devoto que asistía todas las noches a los discursos de su maestro espiritual. Durante todo el primer año, el maestro no prestó la menor atención a su discípulo a pesar de que este siempre asistía al *satsang* (charla espiritual). El que nunca le hiciera caso hizo que el hombre se sintiera extremadamente frustrado e incluso enfadado, pero siguió asistiendo a los discursos manteniendo la ira bajo control.

Durante el segundo año, al principio de la charla, el maestro le hizo una señal al discípulo para que se acercara y se sentara enfrente de él. El hombre pensó que por fin iba a obtener un poco de atención, pero el maestro siguió sin hacerle caso deliberadamente durante todo el discurso.

A medida que pasaba el tiempo, la cólera del discípulo se iba convirtiendo gradualmente en una tristeza cada vez más profunda. Ese proceso hizo que el ego se fuera disolviendo lentamente y su mente se quedó completamente en silencio. Un día que el discípulo estaba sintiendo la absoluta profundidad de su tristeza, el *guru* se le acerco. Tocó tiernamente la cara del discípulo y lo miró profundamente en los ojos. En ese mismo instante, el discípulo se iluminó por la Gracia de su paciente y compasivo maestro.

Solo cuando nuestro ego empieza a desvanecerse y nos convertimos en nada, empezamos a ser algo de verdad. Amma dice que solo entonces empezaremos a formar parte del todo.

Cada una de las acciones de Amma encarna sus enseñanzas. Podemos estudiar miles de libros espirituales y escuchar a cientos de maestros de moda, pero solo la gracia de alguien que haya descubierto las más profundas capas del alma podrá guiarnos hasta la meta. Verdaderamente, ninguna otra cosa podrá hacerlo.

Amma dice que Ella no tiene que decirnos todo, sino que nosotros tenemos que aprender de la vida. Ella nos ha comunicado muchas verdades espirituales una y otra vez. Es una fuente de sabiduría. Nos encanta mirarla y escuchar sus *satsangs*, pero la mayoría de nosotros pensamos que ya lo sabemos todo. Hemos leído toda clase de libros espirituales sobre todas las formas posible de espiritualidad, ya sea tradicional o moderna; pero, ¿cuántos de nosotros intentamos practicar realmente los principios espirituales?

En el siglo X vivía un Gran Visir de Persia, Abdul Kassem Ismael. Tenía tanto apego a su conocimiento que no podía soportar estar alejado de su biblioteca de 117.000 libros. Cuando viajaba, una caravana de cuatrocientos camellos cargaba todos sus libros. Los camellos estaban entrenados para caminar en el orden alfabético de los libros que cargaban. Es una historia real.

Aunque tengamos todo el conocimiento del mundo dentro de nosotros, es difícil sacarlo a la luz en el momento adecuado. Por eso es por lo que necesitamos que nos guíe un verdadero maestro como Amma.

En una gira de la India de hace algunos años íbamos por carretera hacia el siguiente programa después de habernos detenido todos al lado de la carretera para un pícnic. Amma estaba sentada en el suelo de su autocaravana haciendo un barquito de papel. Había un niño con Ella y le dijo que prestara atención. Estaba intentando enseñarle al niño a hacer su propio barco.

—Mira con atención —dijo mientras doblaba cada pliegue del papel.

Y contó «uno, dos, tres, cuatro…» hasta haberlo doblado doce veces. Hubo que hacer todos esos pliegues para construir el pequeño barco de papel. Reflexionando, me di cuenta de que eso es exactamente lo que el Maestro espiritual hace por nosotros: nos muestra cómo podemos convertir cada una de nuestras acciones, una por una, en una bella creación, quizás incluso en un barco que nos lleve a través del océano de *samsara* (el ciclo de la vida y de la muerte).

Amma repitió los pasos dos veces para el niño, pero al final lo único que este quería era jugar con el barco. No le interesaba tanto aprender a construir uno. Nosotros somos como él en muchos aspectos, mucho más entusiastas por encontrar una forma de disfrutar y jugar que por tomarnos el tiempo y tener la paciencia necesarios para aprender las lecciones que la vida nos presenta. Afortunadamente, Amma nos espera pacientemente hasta que estamos dispuestos a aprender,

Es conocido el tremendo amor de Amma; pero creo que su capacidad de ser paciente es aún más impresionante. Ella muestra continuamente en todas sus acciones lo que intentan comunicarnos las escrituras.

Solamente un alma con conocimiento de Dios sabe los importantísimos conceptos espirituales que pueden ayudarnos a lo largo del camino. Debemos elegir muy cuidadosamente cuando vayamos a aceptar a un maestro espiritual y nunca quedarnos con nadie que no haya conocido la Verdad Suprema. Hay muy pocas personas así. A veces dudamos en aproximarnos a ellas y tememos estar cerca, porque sabemos que verán nuestros pensamientos y acciones pasadas, desnudas, feas y egoístas; pero sus mentes son tan puras y su amor tan universal que, cuando nos miran, solo ven las equivocaciones de un niño inocente.

Algunas personas se enamoran tan locamente de Amma que Le preguntan si deben dejar su vida mundana e irse a vivir al *ashram* de la India. La respuesta de Amma suele ser que la vida como persona de hogar no tiene nada de malo mientras se mantenga en la mente la meta final. Amma dice que, vayamos donde vayamos, debemos acordarnos de mantener un pequeño espacio en nuestro interior para nuestro verdadero hogar, nuestro verdadero hogar con Dios.

Capítulo 5

Tras la pista de la Verdadera Belleza

La belleza se ha convertido en algo que nos hacemos, algo que nos ponemos desde el exterior, casi como una máscara. Amma es un ejemplo de que la verdadera belleza irradia desde dentro.

Amma dice, «lo que hace que la belleza brille es el altruismo, cuando traspasamos la cáscara del ego». Su belleza no está solo en lo que comparte con nosotros cuando estamos con Ella sino también en los sutiles estratos de pensamientos y sentimientos no hablados que inspira en nosotros. Cuanto más amor y atención a los demás expresamos, más puro se vuelve nuestro corazón y más dulce nuestra fragancia.

Amma es como una fábrica de perfume donde se crean las más exquisitas fragancias del mundo y yo soy lo bastante afortunada como para trabajar en su fábrica, de modo que un poco de esa fragancia se me ha impregnado, como sin duda ha sucedido también con otros.

Cuando viajamos, toda clase de personas se sienten profundamente conmovidas por la energía divina de Amma: el personal de las líneas aéreas, las mujeres de la limpieza, el personal de seguridad, los otros trabajadores del aeropuerto y los pasajeros, muchos de los cuales nunca han tenido la oportunidad de recibir el *darshan* de Amma. En una ocasión en que partíamos de la India, un gran grupo de policías que se encargaban de la seguridad vinieron a escoltar a Amma hasta el avión, como suelen hacer. No hace falta tanta seguridad, pero parece que es la tarea favorita de los policías, ya que todos ellos rivalizan por estar cerca y caminar al lado de Amma.

Donde quiera que vayamos, rodean a Amma intentando protegerla de la multitud… aunque no haya nadie. A pesar de que voy con Amma cuando viajamos, no me tienen en su lista de personas importantes a las que hay que escoltar y a menudo ni siquiera me ven. A veces tengo que abrirme paso entre ellos para poder alcanzar a Amma. Ella suele esperarme, pero en ocasiones simplemente no puedo seguir a su lado.

Una vez los policías se pusieron muy contentos llevándose rápidamente a Amma y dejándome atrás recogiendo los bolsos del detector de metales. Intenté alcanzarla pero acabé con un retraso de varios minutos. Afortunadamente para mí, Amma había dejado una pista que podía seguir, un rastro de personas felices y llenas de dicha. A lo largo de todo el camino me fui cruzando con personas burbujeantes de gozo, que me permitían saber exactamente en qué dirección se había ido Amma.

Suelo estar con Amma cuando caminamos rápidamente a través de la multitud, por lo que alcanzo a ver la excitación de la gente al saludarla, pero me pierdo los efectos duraderos de ese encuentro. Caminado sola ese día, tuve tiempo de percibir el éxtasis que regalaba a aquellos que entraban en contacto con Ella. Era como si fuera dejando una estela de gozo a su paso.

Amma es capaz de inspirarnos no solo con su *darshan*, sino también simplemente con una mirada, una sonrisa o un toque. El gozo de

Amma fluye hacia nosotros solo con estar en su presencia.

Una mañana, en un programa de *brahmasthanam* (templo diseñado por Amma con una deidad de cuatro caras) de *Bangalore*, Amma les dijo a los devotos que se imaginaran derramando cuajada, *ghee* y agua de rosas sobre los pies de su Deidad amada. Cuando todos tenían los ojos cerrados y estaban en contemplación profunda, Amma tomó una rosa que estaba a su lado en el *peetham* (estrado elevado donde se sienta la *guru*) y la puso a su otro lado como si depositara una rosa a los pies de su Deidad amada.

En el público solo había una joven con los ojos abiertos. En lugar de cerrar los ojos, miraba hacia arriba a Amma extáticamente. Tenía a un niño pequeño dormido en el hombro. La traviesa mirada de Amma se cruzó con la suya, y la cara de la joven se iluminó de gozo. La sonrisa de Amma fue muy entrañable, y esa mujer fue la única persona del público que la vio. Apretó a su hijo con emoción y cerró los ojos de dicha durante unos segundos. Después volvió a abrir los ojos y miró a Amma rebosante de gozo.

Me di cuenta de ese intercambio y también me emocionó ese momento de éxtasis en que vi a Amma lanzar una flecha directamente al corazón de alguien. De ese modo ayudó a esa devota a experimentar la profunda dicha que yace en lo profundo de su Ser. Me sentí muy feliz de que la joven madre pudiera compartir ese momento tan personal y entrañable con Amma. Probablemente había tenido que hacer grandes sacrificios para poder ver a Amma aunque solo fuera en ese único programa.

Para mí fue maravilloso ver el gozo de esa mujer. Sentí casi tanta felicidad como ella. Debemos intentar sentir nuestro propio gozo mediante la felicidad de otras personas. Ni siquiera tenemos que ser nosotros los que recibamos el *darshan*. Podemos compartir la experiencia y sentir esa misma alegría simplemente estando en presencia de Amma y viendo el efecto que causa sobre aquellos que están a su alrededor. Amma siempre encuentra una forma u otra de abrir el corazón de todos.

Amma pasa cada segundo de su existencia viendo la belleza y la verdadera realidad de cada cosa. Ve la existencia de la Divinidad en todos y en todo, y hace cuanto puede por compartir esa visión con nosotros. Solo quiere lo mejor para nosotros: llevarnos a ese lugar donde Ella habita y ayudarnos a experimentar la misma realidad que Ella percibe. Por eso es tan bella Amma: porque su compasión brilla en todas sus miradas. Siempre tiene los ojos brillando con la luz divina.

Capítulo 6

La Madre de la comprensión

Amma mira profundamente a todas las personas que acuden a Ella. Ella ve que su ego y sus problemas han surgido únicamente del dolor que han experimentado en algún momento de su pasado. Nosotros podríamos rechazar a una persona determinada por resultarnos molesta o frustrante; pero Amma, por el contrario, le da amor, lo que sirve para disolver su dolor. Ahí radica la belleza de lo que Ella es y de lo que nos ofrece. Nos entiende mucho más profundamente de lo que podemos llegar a comprender.

El día que cumplí cincuenta años estábamos en ruta hacia un programa cuando Amma, de repente, se volvió hacia mí y preguntó:

—¿Qué día es hoy?

Le contesté que no lo sabía. Amma le preguntó a Swamiji. Él tampoco tenía ni idea. Le pregunté al conductor y él dijo la fecha.

—¡Oh! —exclamé... Se me había pasado.

Amma me preguntó qué pasaba. Le respondí:

—Amma, hoy cumplo cincuenta años y no me había dado cuenta.

Más tarde algunas personas se enteraron de que era mi cumpleaños, me hicieron una tarta y me organizaron un *darshan* especial de cumpleaños. En aquel momento fue una sorpresa y una bonita experiencia, pero celebrar mi cumpleaños es algo que nunca haría. En realidad, se supone que las personas dedicadas a la vida monástica no deben celebrar su cumpleaños y yo nunca le recordaría intencionadamente el mío a Amma. Ahora, para mi completo horror, parece que todo el mundo sabe cuándo es.

Un par de años después varias personas decidieron volver a organizarme una fiesta de cumpleaños. Como me imaginaba que eso podría ocurrir, les repetí de antemano que no quería que organizaran nada especial ese día.

Pero el espíritu de los cumpleaños atrapa a la gente. Hicieron una tarta y me dijeron que fuera donde estaba Amma para recibir el *darshan*. Me enfadé muchísimo cuando lo supe y me negué a subir al escenario. Ese día Amma estaba muy ocupada, ya que en el programa había una inmensa multitud. Esos enredadores cumpleañeros fueron al escenario a preguntarle a Amma si podría llamarme. Amma les miró con cara de extrañeza y comentó:

—No sé si le gustarán esas cosas. Tenéis que decirle que no tiene por qué venir si no quiere.

Cuando me contaron lo que Amma había dicho me puse contentísima. Me recordó que por lo menos hay una persona que me entiende de verdad. Amma sabía lo que pensaba sobre las celebraciones de cumpleaños. Ese fue el mejor regalo que pude recibir: saber que Amma realmente me entiende aunque nadie más lo haga.

Amma es la Madre de todos nosotros. Ella acepta y cuida a todo el mundo y se ocupa por igual de todos los seres. Escucha cada detalle y reconoce todos los aspectos y sentimientos de cada persona, tanto de los que ellas son conscientes como de los que se encuentran en las profundidades del subconsciente.

En ocasiones, cuando Amma empieza a contar una historia en un *satsang*, podemos pensar: «Vaya, esa historia ya la he oído». Aun así, si estamos abiertos y atentos, podemos entender las cosas en un nivel diferente cada vez que la oigamos. A veces tardamos años en darnos cuenta de que Amma está respondiendo a algo que llevamos dentro y que se halla mucho más profundo de lo que nunca podríamos haber imaginado, mucho más profundo que los niveles superficiales en los que solemos habitar.

Amma entiende a las personas mejor que sus propios padres. Los padres pueden querer a sus hijos, pero eso no quiere decir que los entiendan de verdad. Conozco a un adolescente que tenía un deseo sin satisfacer. Se había hecho agujeros en las orejas y llevaba en ellas unos pequeños pendientes; pero quería comprarse unos más grandes porque estaban más de moda. Les preguntó a sus padres si podía hacerlo.

Su respuesta fue:

—No, rotundamente no.

Estaban completamente en contra. Un día este adolescente fue a recibir el *darshan* de Amma y Ella le dijo:

—Qué pendientes tan bonitos; pero ¿no te parece que te quedarían mejor unos un poco más grandes?

El chico fue encantado a decirles a sus padres:

—¿Veis? Amma me entiende mejor de lo que vosotros nunca lo habéis hecho.

Amma estaba en sintonía con él y con sus deseos. Eso sucede continuamente porque Amma es una con la esencia de lo que realmente somos. Como Ella conoce su propio ser, también sabe quiénes somos nosotros. Nosotros ignoramos por completo quiénes somos en realidad. Lo único que conocemos son los pensamientos y las emociones que constantemente nos ofuscan la mente. Toman el control y dicen: «Esto es lo que eres: eres demasiado gordo o demasiado delgado, demasiado morena o demasiado pálida, tienes el cabello de un color equivocado…». Amma sabe quiénes somos realmente, más profundamente que nosotros mismos, hasta nuestra mismísima estructura celular. No lo dudéis.

En la universidad de Amma de la India estudian diecisiete mil alumnos. Una vez, uno de ellos, que vivía en la residencia de estudiantes, les dijo a los demás:

—Esto es como una cárcel, no podemos hacer nada divertido, es como una cárcel.

La siguiente vez que fue a recibir el *darshan* de Amma, Esta le preguntó:

—¿Qué tal en la cárcel?

Sacó el tema por propia iniciativa.

Él se quedó atónito, completamente asombrado de que Amma pudiera conocer su modo de pensar. Eso hizo que las cosas cambiaran para él y desde entonces fue capaz de adaptarse a todas las normas. Entendió que realmente había un lugar al que siempre podría acudir en el que alguien le entendería plenamente, mejor que sus padres, mejor aún que sus amigos más íntimos.

Amma abraza y recibe cada parte de nuestro ser, hasta las capas más profundas y oscuras. Nos entiende mejor de lo que nos podemos entender a nosotros mismos. Nos ve y nos acepta por entero, escuchando todos nuestros pensamientos y deseos, sin proyecciones que afecten a sus percepciones, porque Ella está desapegada y no piensa en sus propios sentimientos. Llega a las profundidades de nuestra alma más pura, permitiendo que lo más hermoso de nosotros alcance a ver la luz del día.

Capítulo 7

La fragancia del amor

Amma nos quiere más de lo que nunca podríamos imaginar. Sale a nuestro encuentro mientras nos recuerda: «Hay una voz que clama en todos por sentir la dulzura del amor puro, pero que no escuchamos. Hemos nacido para experimentar el amor puro y esa es nuestra riqueza, pero en este mundo la experiencia del amor puro es realmente la cosa más rara que puede ocurrir». Amma nos da esperanza al venir para dar respuesta a esa voz que clama en nosotros. Nos da el amor que genuinamente anhelamos.

Recuerdo que una vez, mientras viajábamos por la India, una devota que padecía cáncer estaba hablando por teléfono con Amma. Amma se había puesto a llorar en silencio, así que la devota intentaba animarla; pero Ella seguía derramando lágrimas. La devota le decía una y otra vez:

—No pasa nada, Amma. Siento tu Gracia. No pasa nada.

Cuando hubieron terminado de hablar, Amma seguía con lágrimas en los ojos. Yo estaba sentada a su lado pensando: «¿Por qué Amma se pone tan triste? Ella conoce la verdad: que este cuerpo no es eterno». Le dije:

—Amma, Tú conoces la verdad…

Ahí estaba yo, dándole una pequeña charla a Amma para recordarle el *vedanta*. Amma me miró y respondió:

—Ya lo sé… pero siento su dolor.

Eso me hizo callar durante un rato. Me sentí muy avergonzada de mí misma. Reflexioné sobre cómo la grandeza de Amma no solo radica en haber alcanzado el estado de conocimiento de Dios sino en ir mucho más allá para vivir de una manera tan compasiva que ve a todos en todas partes como un espejo de Sí Misma.

Entonces, sentada en el coche en silencio en la oscuridad, fui yo la que lloró en silencio.

Al mirar a Amma, me recordó una estrella fugaz de compasión que viaja más allá del límite de todas las cosas y vuelve a la tierra con sus bendiciones, poniéndose a nuestra altura para cumplir nuestros deseos. Lo que Ella intenta es enseñarnos a vivir una vida de compasión.

Una noche, al final de un programa de *brahmasthanam* en *Mangalore*, un devoto esperaba a Amma entre todos los demás. Amma no había dormido en absoluto. Había tenido el tiempo justo para bañarse y cambiarse de ropa antes de partir hacia el siguiente programa. Nos esperaba un largo viaje en coche hasta *Hyderabad*.

Este devoto llevaba un rato llorando. Había trabajado sin descanso durante los tres días de programas, haciendo *seva* (servicio) organizando el alojamiento de todos los devotos que habían acudido en masa para ver a Amma. No había podido entrar al programa porque la policía había cerrado las puertas del *ashram* debido a la magnitud de las multitudes. Lloraba desconsolado pensando que se había perdido el *darshan* de Amma.

Cuando los devotos Le contaron a Amma que ese devoto había trabajado muchísimo y que no había podido recibir su *darshan*, Amma olvidó su propio cansancio y dolor y fue corriendo hacia él, dándole un maravilloso abrazo y estrechándolo entre sus brazos durante un largo rato.

Él estaba tan embargado por el amor y la compasión de Amma que acabó perdiendo la conciencia. Cuando se desmayó, Amma se sentó en los escalones sujetándolo y le pidió a alguien que trajera agua de coco. Él quería levantarse, pero Ella insistía en que esperara a beber antes el agua de coco. No daba crédito a su suerte ni a la compasión de Amma dándole un abrazo tan largo.

Luego me di cuenta de que probablemente esta sea la razón por la que Amma, en la India, solo puede dar un segundo de *darshan* a algunas personas: porque si recibieran más, como ese hombre, podría ser demasiado para ellas. En un solo segundo Amma puede dárnoslo absolutamente todo.

Igual que a *Kuchela* se le permitió ofrecer a *Sri Krishna* un único bocado de copos de arroz, nosotros solo necesitamos un segundo del *darshan* de Amma para que el sendero de la devoción se abra ante nosotros. Un sendero flanqueado por toda la riqueza espiritual que la vida puede ofrecernos.

La tradición dice que *Radha* vio a *Sri Krishna* una sola vez, a orillas del río *Yamuna*. A partir de entonces siempre Lo amó y estuvo vinculada con Él en su corazón. Aunque tengamos un único *darshan* con Amma, Ella nunca nos olvidará y nos amará siempre profundamente por toda la eternidad.

Amma dice: «Si vuestro corazón no se derrite de compasión por los demás, nunca entenderéis lo que significa realmente la palabra "amor". Solo será una palabra del diccionario». Debemos aprender a abrir el corazón igual que Amma. Con Ella no hay límites. Se funde con todos. No hay nada separado de Ella.

Si podemos conectarnos con el sufrimiento de los demás y alegrarnos de su felicidad, ver el gozo en el *darshan* de los demás como si fuera el nuestro, entonces nuestro camino hacia el cielo estará alfombrado de pétalos de rosa. Eso es algo muy difícil de hacer. Por eso Amma nos recuerda constantemente: «Siempre somos principiantes».

Amma es un río de amor. Pone el máximo esfuerzo en derramar todo el amor y la atención que puede sobre todos, día tras día. Amma es una Diosa que está entre nosotros, que vive estrechamente unida con nosotros como un ser humano corriente, pero amándonos a todos de una manera extraordinariamente sobrenatural.

Capítulo 8

El amor de una maestra perfecta

La fuerza más poderosa que hay en esta tierra es el amor que un alma con conocimiento de Dios siente por nosotros. Ellos nos aman de la manera más pura, sin esperar nada a cambio. Sacrifican sus vidas para liberarnos. En ninguna parte, absolutamente ninguna parte, del mundo entero vamos a encontrar nunca nada más hermoso, más generoso y en lo que podamos confiar más que en el amor que un maestro perfecto siente por nosotros.

Cuando el Señor Buda alcanzó la iluminación, se dice que no quería abandonar ese estado de dicha; pero en cuanto puso la mano en el suelo, la tierra Le suplicó en nombre de todas las almas encarnadas que enseñara a todos los seres el camino para salir del sufrimiento. ¿Qué podía hacer el Señor Buda sino volver?

Eso es el verdadero amor, un amor tan sincero y tan genuino que la mayoría de nosotros raramente lo encuentra, ni siquiera en sueños. Muy pocos tenemos la suerte de experimentar esa clase de amor mientras estamos despiertos. Casi nunca estamos preparados o ni siquiera somos capaces de recibir ese amor, y mucho menos de darlo.

Se dice que el mayor sacrificio para un *mahatma* es descender a esta tierra para vivir entre nosotros en medio de toda nuestra inconsciencia; pero ese es el sacrificio que está dispuesto a hacer.

Cuando era joven, el Señor Buda tenía unos enemigos muy envidiosos que querían desacreditarle. Le mandaron a la cortesana más famosa de la época. Buda la quería como a todos los demás, pero la trataba con amor paternal.

Aunque la cortesana era muy bella, había perdido la inocencia. Intentó ofrecerse al Señor Buda. Él le sonrió con una pureza divina. Rechazó sus insinuaciones diciendo:

—Te querré cuando nadie más te quiera. Te querré cuando todos los demás amores te hayan abandonado.

Al oír esto, ella se enfadó y se marchó.

Cuarenta años después, Buda se acercaba a su muerte. Cuando lo llevaban en una camilla de madera a su lugar de reposo final, vio una figura harapienta en cuclillas apoyada en un muro cercano. Era una leprosa, una vieja jorobada con la mitad de la cara carcomida.

Buda pidió a los asistentes que lo transportaban que se detuvieran. Lentamente, se bajó de la camilla y se dirigió hacia la mujer. La rodeó con los brazos silenciosamente en un abrazo amoroso y le recordó que le había dicho que siempre la amaría.

Esa es la clase de amor que Amma siente por nosotros: un amor universal que va mucho más allá de cualquier barrera. Constantemente todas sus acciones nos recuerdan que siempre estará ahí para amarnos y protegernos.

Amma desciende a nuestro nivel y finge ser como nosotros para elevarnos. Se trata de un juego divino. Amma no necesita tomarse la molestia de hacer todas las cosas que hace por nosotros: salir todos los días, una y otra vez, sin importar cómo se encuentre y ofrecerse a nosotros de todas las maneras posibles. Si miramos a cualquier gran *guru* de la historia ¿podemos encontrar a uno siquiera que se Le haya acercado? Yo creo que no.

El amor de Amma, ese amor maternal que Ella siente por nosotros, nunca se cansa de dedicar tiempo y esfuerzo a guiarnos, a recibirnos y a cantarnos hermosos *bhajans*. Si no somos capaces de asimilar sus enseñanzas por medio de los pensamientos y las palabras que comparte con nosotros en los *satsangs* o individualmente, podemos aprenderlas en sus *bhajans* u observando sus acciones.

Un año, en Calcuta, al final de un programa de *darshan*, Amma decidió salir a las calles a recoger basura con el fin de ayudar en la Campaña *Amala Bharatam* para limpiar la India.

Como está limitada por una intensa actividad, Amma raramente puede salir a participar personalmente en sus muchos proyectos de servicio; pero en esa ocasión el programa terminó justo después de las diez de la noche, lo que es temprano para Amma. Aunque acababa de estar sentada durante once horas seguidas dando *darshan*, dedicó su noche libre a salir llena de entusiasmo para unirse al equipo de entregados voluntarios dispuestos a limpiar las calles de Calcuta. Así es como quiso descansar y relajarse al final de un largo día: recogiendo basura en la vía pública.

Armados con guantes y mascarillas, salimos a la escasamente iluminada vía. El corazón de la mayoría de nosotros latía apresuradamente, con una mezcla de la emoción y la alegría del servicio desinteresado y una pizca de temor por lo que podríamos encontrar al sumergirnos en la suciedad acumulada durante tantos años a los lados de las calles.

Cuando llegamos al punto previsto para empezar a limpiar, Amma se agachaba y recogía la basura rápidamente, metiendo la suciedad con una pala en sacos que luego se cargaban en un camión. Me dijo que me quedara con Ella. Todos mis grandes planes de meterme entre la basura se fueron al traste al darme cuenta de que iba a tener que conservar al menos una mano limpia para poder evitar que el sari de Amma se arrastrara por el lodo y la mugre e impedir que Ella se sentara en él.

Lo que me sorprendió completamente es que, cada vez que intentaba ayudar a Amma a levantarse, Ella ya se había puesto rápidamente de pie sola sin necesidad de ayuda alguna. No me lo podía creer. Se levantaba a la velocidad que lo hubiera hecho una atleta.

Pensé en lo agarrotados y doloridos que debía de tener los músculos de las piernas tras tantas horas sentada con ellas cruzadas en el escenario impartiendo *satsang*, cantando *bhajans* y después dando *darshan* durante todo el día y toda la tarde, sin posibilidad alguna de moverse; pero no parecía ser así.

Intenté concentrarme un poco más para poder ir más deprisa y llegar a tiempo de ayudarla a levantarse, pero por mucho que lo intentara no era lo bastante rápida como para poderla ayudar en absoluto.

Eso me enseño la increíble fuerza y energía que puede generar el verdadero amor si se tiene una actitud de entrega y atención. Amma siempre nos enseña mediante sus actos de servicio y de otras muchas maneras que nosotros también podemos convertirnos en una fuente inagotable de energía si lo intentamos de verdad. Amma dice: «Donde hay verdadero amor, no hay esfuerzo». Ella es un ejemplo vivo de estas palabras.

Cuando La observamos podemos ver que todo lo que Amma hace es una expresión de su amor y su compasión por nosotros. Eso es lo que nos demuestra cuando se sienta a dar *darshan* sin levantarse a veces durante más de veinticinco horas seguidas. Abraza a todos los que acuden a Ella sin importar quiénes sean, independientemente de la hora o el lugar. Se relaciona con las personas como si fuera su confidente, escuchando sus historias, quejas, desgracias y problemas. No importa si está cansada o enferma. Aun así, siempre saca tiempo para los demás, poniendo las necesidades de ellos por delante de las suyas.

Todo lo que hace un maestro perfecto es exclusivamente en nuestro beneficio. No tiene nada que ganar. El deseo de Amma es poder ofrecer su vida, de todas las maneras posibles, para que los demás puedan saborear la felicidad y la paz mental.

Capítulo 9

Transformando las piedras en oro

En la vida recibimos muchas bendiciones, muchos buenos consejos y orientaciones, especialmente de Amma. Ella derrama su Gracia sobre nosotros constantemente; pero, a pesar de ello, a menudo nos cuesta cambiar. Su paciencia es increíble, ya que espera a que seamos nosotros los que nos transformemos. Los *mahatmas* (grandes almas) vienen a este mundo con el fin de servirnos de inspiración para crecer. Viven siendo el mayor ejemplo para nosotros, pero no nos obligan a mejorar: eso lo debemos hacer nosotros.

Cuando los mahatmas consagran un templo, infunden fuerza viva a la imagen de piedra mediante su *sankalpa* (resolución divina) y su aliento. Cuando Amma lleva a cabo ceremonias de *pratishtha* (consagración), infunde a una piedra inerte fuerza vital pránica (de energía). En esas ocasiones todos podemos sentir las poderosas vibraciones que hay en el ambiente y tenemos la oportunidad de sentir la tremenda influencia que ejerce la energía de Amma.

Es triste pensar que una piedra inerte sea mucho más receptiva a las bendiciones de Amma que los seres humanos. Ella nos ofrece esa misma energía cada vez que nos da *darshan*, pero a nosotros nos cuesta mucho cambiar.

La vida no va a tener tanta paciencia con nosotros como Amma y va a intentar hacernos cambiar más rápido. Por eso entra el dolor en nuestra vida: para forzarnos a crecer. No siempre podemos hacer que el dolor desaparezca. En lugar de ello hay que intentar transformar el sufrimiento en algo positivo. Amma nos ayuda a encontrar nuestra propia fuerza interior para poder afrontar cualquier cosa. Ella disipa la oscuridad haciendo brillar en nosotros la luz del amor y de la conciencia.

Mientras estábamos en un programa en Nueva York hace unos años, una devota del lugar me contó una increíble historia que le había ocurrido a su hija. Esta mujer era muy devota de Amma, pero sus dos hijos no. De hecho les parecía muy raro que su madre quisiera tanto a Amma. Asistieron al programa de Nueva York a regañadientes, solo por complacerla.

Por desgracia, a la hija le robaron el monedero mientras estaba sentada entre la multitud. Se disgustó mucho, ya que llevaba mucho dinero. Pensaba que el culpable era un vagabundo que había estado sentado a su lado, pero no tenía pruebas.

La madre sabía que no podían hacer nada. Le dijo a su hija que intentara olvidar el tema y durante un rato cada una fue por su lado. A la media hora, la hija, que no cabía en sí de alegría, se volvió a encontrar con la madre.

Le dijo:

—¡Mamá, no te vas a creer lo que me acaba de pasar!

Le contó que cuando subió por las escaleras se le acercó el vagabundo. Llevaba el monedero en la mano y se lo devolvió, disculpándose por habérselo quitado.

Le dijo que estaba sentado mirando a Amma cuando de repente Esta se volvió hacia él y le dijo que lo que había hecho estaba mal, que debía devolver el monedero, pedir perdón y no volver a hacerlo más. Reconoció que sentía que esta experiencia había cambiado realmente su vida. Y la hija también se llevó una impresión distinta sobre Amma.

Amma nos enseña a construir unos cimientos sólidos de valores y buenas cualidades. Sobre esos cimientos debemos realizar unas prácticas positivas; debemos vivir según un sistema de valores que guíe nuestras intenciones, decisiones y acciones. Lo que saquemos de la presencia de Amma depende por completo de nosotros. Variará según nuestra actitud y nuestras acciones.

Un año hizo un frío tremendo en la sala del Alexandra Palace de Londres, donde se celebraba el programa. Una devota estaba sentada en una silla con un cálido chal de lana, pero seguía temblando de frío. A su lado había una joven que llevaba mucha menos ropa, y era evidente que estaba absolutamente helada.

La devota pensó: «Esta chica tiene más frío que yo… debería dejarle mi chal»; pero ella también estaba entumecida. Al final, venció su compasión. Se quitó el chal y se lo puso a la chica sobre los hombros. En ese momento las dos dejaron de temblar.

Ninguna de las dos tuvo frío durante el resto de la noche. La chica intentaba devolverle el chal a la devota cada veinte minutos, porque se sentía muy culpable pensando que, seguramente, se estaría congelando, pero la devota ya no sentía ningún frío.

Tenemos en nuestro interior la fuerza necesaria para cambiarnos a nosotros mismos y nuestro mundo. Cuando decidimos hacer buenas acciones, aunque nuestra actitud no sea todavía la idónea, empezamos a crear la fuerza del cambio en nuestro interior y, en consecuencia, la Gracia fluirá con toda seguridad.

La gente acude a los *mahatmas* esperando toda clase de milagros para sí mismos y para el mundo. Esperan que sean una especie de superhéroes con poderes mágicos capaces de cambiarlo todo por completo. Y, ciertamente, los *mahatmas* como Amma son verdaderos superhéroes. Ella nos inspira para que podamos caminar por el sendero de la verdad y del *dharma* (acción virtuosa). No puede caminar por nosotros, pero siempre está animándonos a ir en la dirección correcta, dándonos instrucciones cuando nos desviamos por el sendero equivocado. Amma nos da un mapa que nos llevará hasta la meta final del conocimiento de Dios.

Todas las palabras y las acciones de Amma tienen por fin inspirarnos a realizar buenas acciones. Esas acciones positivas crean buen *karma* (cadena de efectos) y anulan parte del sufrimiento que podríamos vernos obligados a experimentar debido a las malas decisiones que hubiéramos tomado en el pasado. La presencia de Amma nos inculca valores tradicionales que no se pueden aprender tan fácilmente en el mundo actual. Ella nos inspira a hacer el bien para realizar todo nuestro potencial como seres humanos.

Capítulo 10

Seva: la alquimia del amor

Cualquiera que observe a Amma dando *darshan* puede pensar que necesita tener a su alrededor muchas personas que la ayuden; pero en realidad nos está ofreciendo la oportunidad de servir para que seamos nosotros los que podamos aprender. Nos permite servir, como un acto de pura Gracia, para ayudarnos a ser más conscientes, no porque Ella necesite en absoluto ayuda. Ella es capaz de hacerlo todo perfectamente bien por Sí Misma.

A veces Amma puede negarse a dejarnos servirla solo para enseñarnos una importante lección. Puede prohibir a todos que entren en su habitación, cierra la puerta con llave y decide hacerlo todo Ella misma. Entonces Se hace la comida, limpia la habitación y Se lava la ropa durante varios días en muchísimo menos tiempo del que necesita cualquier otra persona para hacer esas tareas. Eso nos recuerda que no es Amma la que necesita algo de nosotros. Somos nosotros los que tenemos muchas lecciones valiosas que aprender de Ella.

A menudo Amma nos recuerda: «No es lo que hemos sido capaces de recibir, sino lo que hemos sido capaces de dar lo que nos ayuda a experimentar la verdadera belleza de la vida. Si nos limitamos a tomar cosas del mundo, al final nos distanciaremos de nuestro verdadero Ser».

Leí una historia sobre un hombre cuya esposa había fallecido ocho años antes. Pasó una larga depresión y casi se suicidó. Lo único positivo que le quedaba en la vida era el trabajo que había realizado como médico en su pequeña clínica.

Después de ver tantos desastres naturales en televisión, decidió viajar a una de las zonas afectadas para ofrecer sus servicios. El hecho de que su esposa ya no viviera y de que sus hijos fueran mayores le permitió servir de esta manera. Viajó a comunidades empobrecidas en las que la gente no tenía acceso a la atención sanitaria y ayudó a montar veinte clínicas. Esas clínicas acabaron atendiendo a veintisiete mil pacientes cada mes. El médico descubrió que su depresión había desaparecido por completo y experimentó una nueva sensación de realización y de que su vida tenía sentido. Ahora, para satisfacer su recién descubierta pasión por el servicio, viaja por todo el mundo ofreciendo atención médica donde más la necesiten.

Muchos nos sentimos agobiados, enfadados o indiferentes cuando vemos el sufrimiento que hay en el mundo actual, sin saber cómo afrontarlo. Ese médico se dio cuenta de que ayudando a otras personas recibía una bendición aún mayor de la que daba: una vida más rica y satisfactoria.

Cuando nos encontramos completamente atrapados en la maraña creada por nuestra mente, nos resulta difícil abrirnos a las bendiciones que la vida derrama continuamente sobre nosotros. Tendemos a enredarnos tanto en nuestros problemas que raramente tenemos en cuenta los problemas de los demás. Millones de personas en todo el mundo padecen depresión o alguna clase de sufrimiento mental debido a la soledad producida por la falta de relaciones familiares o de amigos. Solo sirviendo y ayudando compasivamente a los demás podemos escapar de la desesperación de nuestro sufrimiento mental.

Un día, en una gira, uno de los voluntarios se acercó a Amma y le confesó que estaba atravesando unos momentos muy difíciles. Le dijo a Amma que se encontraba bajo la influencia de Saturno y que, por eso, se sentía deprimido y ya no quería hacer *seva*.

Amma se rió y le respondió:

—¡Saturno! ¿De qué estás hablando? Cuentas con la presencia de una *Satguru*. Hasta en el desierto ardiente, bajo la sombra de un árbol, se puede sentir frescor. Hijo, aun así debes intentar hacer *seva*, aunque no tengas ganas.

No hay que echarle la culpa al mundo o a los demás de lo que hayamos de padecer. No siempre podemos tener la actitud correcta, pero cuando nos forzamos a hacer algo bueno porque sabemos que eso es lo que hay que hacer, aunque realmente no queramos, la Gracia fluye hacia nosotros. Lo único que podemos hacer es intentar esforzarnos al máximo.

En una ocasión alguien escribió una oración para la mañana que todos podríamos hacer nuestra: «Querido Dios: en lo que llevo de día he hecho las cosas bien. He mantenido la boca cerrada. No he cotilleado, gritado ni perdido los nervios. No he sido avaricioso, gruñón, desagradable, egoísta ni demasiado permisivo conmigo mismo. Eso me alegra. Pero dentro de pocos minutos probablemente vaya a necesitar mucha ayuda porque… en estos momentos es cuando me estoy levantando de la cama».

Hay que hacer siempre lo correcto en el momento adecuado, en todo instante, aunque no nos sintamos motivados para hacerlo. Esta es una de las mejores fórmulas para el verdadero éxito en cualquier campo, y nos ayudará a alcanzar la meta final del conocimiento del Ser.

Amma nos dice que seamos valientes y nos recuerda lo siguiente: «No sois corderitos. Sois cachorros de león y tenéis infinitas capacidades sin explotar en vuestro interior». Hace poco oí que Amma le aconsejaba a alguien: «Hay que ser como un león. Cuando camina por el bosque recorre una cierta distancia y después se vuelve y mira hacia atrás». Representaba la acción volviendo la cabeza mientras lo decía y, verdaderamente, parecía una fantástica leona mirando poderosamente hacia atrás para ver lo lejos que había llegado.

Y prosiguió así: «Hasta una tortuga que se desplaza lenta y pesadamente deja un rastro por donde pasa. Nosotros también podemos ser así en nuestra vida y dejar algunas huellas positivas en el mundo. Debemos esforzarnos por dejar algo bueno detrás de nosotros».

Somos afortunados de que se nos presenten tan a menudo oportunidades de hacer servicio. Realmente esa es una de las prácticas espirituales más agradables. La mente está en una agitación constante, intentando tumbarnos; pero en el acto de la *seva*, en el servicio, podemos dedicar activamente nuestra energía a realizar acciones positivas. Ese esfuerzo transformará los hábitos negativos de la mente. No os paréis a pensar si os apetece o no, porque nuestros sentimientos cambian constantemente. Nos hemos apegado a muchos malos hábitos. ¿Por qué no intentar adquirir un nuevo buen hábito?

En lugar de llevar una existencia mediocre, esforcémonos por cultivar una actitud de altruismo. No es que haga falta hacer cosas grandes e importantes, sino que todas nuestras acciones pequeñas, bondadosas y altruistas se pueden sumar a algo verdaderamente grande.

Capítulo 11

Un río de amor

Cuando Amma ve una necesidad en algún lugar, siempre está dispuesta a satisfacerla. Es el ejemplo de lo que significa recorrer el camino del *dharma*, de la rectitud: basta con tratar de hacer lo correcto en el momento adecuado, descubrir lo que podemos hacer para ayudar al mundo y utilizar nuestras capacidades para servir con amor y conciencia. Hagamos lo que hagamos, lo que cuenta es la actitud.

Había una mujer que vivía en las montañas suizas a unas dos horas de distancia en autobús de Zúrich. Su marido se había divorciado de ella y se había ido dejándola sola al cuidado de su hijo. Le costaba mucho llegar a fin de mes, ya que era muy pobre y no recibía ninguna ayuda social del Estado.

La mujer era muy católica y siempre rezaba a la virgen María. Había oído hablar de santos vivientes en la India, pero no imaginaba que alguna vez pudiera conocer a uno. Un día, caminando junto a un restaurante, vio un cartel de la visita de Amma a Zúrich. Sintió un fuerte deseo de ir a conocer a Amma y empezó a ahorrar dinero para hacerlo. Ayunó dos días para ahorrar, pero sin dejar de dar de comer a su hijo.

Viajó desde su casa en las montañas al lugar donde se celebraba el programa y esperó a recibir el darshan. Como no hablaba ni inglés ni, aún menos, el idioma de Amma, se dio cuenta que no tenía forma de contarle sus problemas. Lloraba en silencio mientras se Le iba acercando en la cola del darshan. Entre lágrimas vio que una mujer que estaba un poco más adelante Le regalaba a Amma unas bonitas pulseras de oro. ¡Cuánto le habría gustado haber tenido algo bonito que regalarle ella también! Amma aún llevaba las pulseras cuando llegó su turno para el darshan. La mujer se derrumbó en el regazo de Amma, llorando y gimiendo pero sin poder decir ni una palabra. Amma la miró con gran compasión, se quitó las pulseras de oro y se las dio. Después invitó a la desconsolada mujer a sentarse a su lado.

Amma se volvió hacia ella y le dijo:

—Asegúrate de no venderlas. Empéñalas y obtén así algo de dinero para cuidar a tu hijo. No te preocupes, las cosas mejorarán en el futuro.

Impactada y asombrada, la mujer volvió a su casa de las montañas, empeñó las pulseras y pronto, con las bendiciones de Amma, encontró un trabajo. Al año siguiente la mujer pudo recuperar las pulseras empeñadas, de la misma manera que había recuperado el control de su vida y de su economía. Volvió a bajar de las montañas para ver a Amma en la siguiente visita de Esta. Cuando le llegó el turno en el *darshan*, con mucha alegría volvió a poner las mismas pulseras de oro en las manos de Amma. Para ella Amma no es solo una santa; es verdaderamente divina.

Amma siempre está dispuesta a servir. De igual manera, también nosotros debemos estar dispuestos a dedicarnos a ayudar de cualquier forma que podamos con un corazón lleno de amor.

Una noche, en Amritapuri, Amma, después de estar sentada más de quince horas seguidas dando *darshan*, bajó del escenario y caminó por el estrecho sendero que lleva a su habitación.

Cuando pasó junto al comedor pudo ver por un hueco entre los devotos alineados a los lados que el fregadero de la cocina estaba muy sucio. Estaba asqueroso y atascado con restos de comida. Necesitaba una limpieza, pero nadie la había realizado. Se detuvo, se abrió paso a través de la fila de devotos y se puso a limpiar.

Aunque debía de estar agotada, Amma está lista para dar el ejemplo adecuado en todas sus acciones. Amma no se toma vacaciones. Siempre está de guardia, dispuesta a enseñarnos en cualquier situación.

Cuando se puso a limpiar el fregadero, de pronto todo el mundo estaba dispuesto a ayudar con ese trabajo de limpieza; pero Ella les dijo a todos:

—No os quedéis ahí mirándome. ¡Idos a limpiar los demás fregaderos! Todos quieren participar en la *padapuja* (adoración de los pies del *guru*), pero esta es la verdadera *padapuja*, la verdadera adoración del *guru*.

No todo el mundo puede tener la oportunidad de lavar los pies de la *guru*, pero todos tenemos la oportunidad de servir amorosamente su cuerpo mediante los actos de *seva* realizados en cualquiera de los *ashrams* o programas de Amma. Cualquier acto de servicio realizado en su nombre se vuelve tan santo como el lavar sus pies de loto.

Amma responde ante el sufrimiento del mundo esforzándose cada día por dar todo lo que puede, independientemente de cómo se sienta. Ella sigue adelante con el corazón abierto y con entusiasmo, dando siempre el máximo a pesar de los obstáculos que pueda encontrar. Ella inspira a todos los que La rodean a hacer lo mismo.

Cuando el *ashram* de *Amritapuri* fue inscrito como institución benéfica en 1983, Amma dijo: «No me convirtáis en un loro enjaulado. No convirtáis esta organización en una empresa de negocios. Debe ser para todo el mundo, para la humanidad que sufre». Desde el principio, a lo largo de todos estos años y hasta hoy mismo, ese ideal ha sido absoluta e inflexiblemente mantenido por Amma. Ella simplemente ve las necesidades de las personas y actúa en consecuencia. La organización de Amma, «Embracing The World» (Abrazando al Mundo), ha construido más de cincuenta escuelas en la India y el extranjero incluyendo una universidad con cinco campus. Además, dirige orfanatos en la India y el extranjero. Amma ha puesto en marcha una iniciativa para reducir el suicidio de granjeros tan extendido por muchas zonas de la India. Da cincuenta y nueve mil pensiones a viudas y a ancianos y más de cuarenta y una mil becas a estudiantes pobres. Tiene docenas de hospitales y clínicas médicas gratuitas que proporcionan atención médica a los necesitados.

A menudo, «Abrazando al Mundo» es la primera en llegar a las zonas donde se producen desastres en cualquier parte del mundo. En 2004, durante el tsunami de la India, Amma transformó su *ashram* en un refugio en el que se alimentaba y se cuidaba a las personas que habían perdido sus hogares. «Abrazando al mundo» estuvo sobre el terreno el año 2005, durante el huracán Katrina. Amma donó un millón de dólares para fondos de ayuda. También envió equipos de socorro a Japón tras el terremoto y el tsunami de 2011, suministrando alimentos y atención médica a lugares donde nadie más se atrevía a ir.

Ha construido más de cuarenta y cinco mil casas para personas sin hogar, con planes de levantar otras más de cien mil. Eso significa alojamiento para casi un millón de personas sin hogar. Ha dado instrucciones para plantar miles de árboles, ha dado de comer a millones de personas en todo el mundo... y mucho más.

Amma inspira mucha generosidad a sus hijos. Sus obras benéficas se llevan a cabo mediante el trabajo voluntario de miles de personas de todo el mundo. Hasta los más pobres de los pobres, cuando acuden al *darshan* en la India, en muchas ocasiones intentan dejarle una rupia en la mano a Amma. No pueden dar mucho más que eso, pero también quieren ayudar porque saben que Ella va a utilizar cada rupia para servir a los demás. Amma dice que son como pajaritos que hacen sus ofrendas, y todo junto se convierte en la corriente de un poderoso río.

La generosidad de Amma es verdaderamente divina. Abraza a multitudes que a veces se cuentan por decenas de miles de personas, permaneciendo sentada hasta que la última persona ha sido abrazada. En esos momentos Ella no piensa en sus propias necesidades.

Nosotros no tenemos que realizar hazañas sobrehumanas —en realidad solo Amma puede hacer esas cosas—, pero si simplemente intentamos hacer algo bueno y beneficioso cada vez que tenemos la ocasión, eso nos sacará de nuestro propio dolor y nos llevará hacia la esencia del amor puro. Hay muchos tomadores en este mundo; pero Amma trata de enseñarnos por su supremo ejemplo a llegar a ser dadores.

Capítulo 12

La que trae la lluvia

Es fácil hablar de nuestra intención de hacer buenas acciones, pero todos sabemos lo difícil que puede ser ponerlo en práctica. Lo que realmente importa es no tanto la acción en sí misma como la actitud y la intención que haya detrás de cada acción. Mientras tengamos una actitud positiva, seguro que Amma nos va a ayudar a superar nuestras negatividades.

Amma nos muestra que, si tenemos una actitud positiva, el mundo se convierte en un lugar verdaderamente hermoso para vivir. Dondequiera que Amma esté, Ella ve más allá del mundo exterior creado por nuestros egos y se deleita en el encanto de la creación.

Una primavera Amma visitó Kenia para inaugurar su nuevo orfanato. Cuando nuestro coche salía del aeropuerto bajé mi ventanilla para que Amma pudiera saludar a las personas que habían acudido a darle la bienvenida. Por desgracia, la ventana se atascó y no volvía a cerrarse. Tenía los pasaportes en la mano y me puse nerviosa. Sabía que íbamos a pasar por zonas peligrosas en las que alguien podría robarnos por la ventanilla o incluso tratar de hacernos daño de alguna manera. Mientras luchaba con el botón de control de la ventana, Amma miró la ventanilla bajada y dijo:

—¡Menudo problema!

Cuando el conductor empezó a disculparse por la ventana estropeada, Amma inmediatamente lo tranquilizó asegurándole que todo iba bien, que Le encantaba sentir la brisa.

Me reí para mis adentros por la rapidez con que Amma había cambiado de opinión, la facilidad con la que era capaz de adaptarse a cualquier situación. Así es exactamente como debemos ser nosotros también. Si no podemos mejorar nuestra situación, debemos estar dispuestos a adaptar nuestra forma de pensar.

Una tarde, temprano, en la India, Amma caminaba hacia el escenario para los *bhajans* y una niña de unos tres años iba corriendo a su lado. Amma la llamó:

—¡*Kuruvi*!

Al principio, cuando lo oí pensé que debía de ser su nombre. Al día siguiente, cuando íbamos de nuevo a los *bhajans* y estábamos subiendo por la rampa, Amma volvió a llamar:

—¡*Kuruví*! ¡*Kuruví*!

Pero esta vez fue a otros dos niños.

Pensé: «Un momento: todos estos niños no pueden llamarse *Kuruví*».

Descubrí entonces que *kuruví* significa «pajarito», «gorrión». Amma nos ve a todos como estos pajaritos que revolotean alegremente a su alrededor.

Creamos nuestra propia realidad por medio de nuestra forma de pensar y el modo en que vemos el mundo. Para Amma, que ve lo mejor en todo y trata de compartir esa visión con nosotros, todos somos sus pequeños *kuruvís*, sus pequeños gorriones. Ella nos está alimentando de amor puro y sabiduría divina.

Dondequiera que viajemos en el mundo, al final de los programas la gente suele comentar: «¡Este ha sido el mejor programa de todos!» Es extraordinario oír eso. Se podría pensar: «¿Cómo puede cada programa ser el mejor de la historia ?» Pero Amma tiene la increíble capacidad de sacar siempre lo mejor de todo.

Cada año, al llegar a Nueva México, generalmente trae la tan necesitada lluvia, ganándose la fama de ser «La que trae la lluvia». En lugares fríos lo que trae es la luz del sol. Inspira muchísima bondad y bendiciones dondequiera que vaya.

Hace poco, cuando estábamos en San Ramón, tuvimos un día anormalmente caluroso y se cortó la luz durante un largo rato. Me imaginé que la gente encontraría la situación difícil de sobrellevar. Incluso en el *ashram* de la India, cuando la electricidad se va siempre vuelve al cabo de diez segundos; pero en San Ramón la luz estuvo cortada muchas horas.

Aunque hubo bastante caos intentando colocar a todo el mundo, el programa no se detuvo. Un pequeño generador alimentó una sola luz en el escenario durante los *bhajans* y el resto de la sala estuvo totalmente a oscuras.

La forma de Amma se dibujaba en el escenario sobre un débil resplandor. Muchos se quedaron sin batería en el móvil, así que no podían mirarlo y no tuvieron más remedio que concentrarse en la luz divina y la devoción que

Amma estaba compartiendo. Todos sentían que la oscuridad impulsaba sus mentes a estar lo suficientemente quietas como para concentrarse en los bhajans y experimentar aún más dicha que de costumbre. Todo el mundo se sintió agradecido por la experiencia, y una vez más dijeron: «¡Ha sido el mejor programa de mi vida!»

No podemos controlar lo que nos va a traer la vida; sin embargo, si cultivamos una actitud de aceptación esta nos puede ayudar a invocar la luz de la Gracia para experimentar las bendiciones de la vida dondequiera que nos encontremos, incluso en medio de las dificultades.

Cuando estábamos en Australia, vino al programa de la noche un hombre con gafas de sol oscuras. Pensé que así, llevando gafas de sol de noche, tenía un aspecto demasiado moderno. Entonces le oí hablar con alguien. Dijo que había estado ciego quince años y que el día anterior acababan de operarle los ojos y ahora podía ver de nuevo.

Él creía que lo que le había curado la visión había sido la Gracia de Amma, y decía que el mundo era precioso. Anunció que iba a disfrutar viendo la belleza en absolutamente todo.

Amma nos recuerda que lo que cambia las cosas es nuestra actitud. Dice que Dios no tiene favoritismos, pero que, cuando tenemos una actitud positiva en todas nuestras acciones, se manifiesta en nuestra vida como la Gracia de Dios.

Amma puede salvarnos de algún sufrimiento, pero nuestra mente e intenciones tienen que ser genuinamente puras para permitirnos alcanzar el estado final de libertad.

Debemos entender que todo lo que nos sucede no es para castigarnos, sino que sirve para despertarnos. Lo Divino solo está tratando, con infinita sabiduría y compasión, de orientarnos en la dirección correcta para que algún día podamos experimentar plena y conscientemente la Verdad, en lugar de ser arrastrados inconscientemente sobre las brasas durante toda la vida. Algunos piensan que Dios es cruel por haber creado un mundo de sufrimiento, pero otros aceptan su destino intentando solo ver lo mejor que pueden en la vida.

Solo afrontando la vida con una actitud positiva podemos escapar del ciclo del *karma*. Entonces podremos ver las cosas de otra manera.

Si somos capaces de aprender de nuestros desafíos y de nuestros errores, lo Divino nos permitirá pasar a la siguiente lección y aceptará que no hace falta que repitamos la misma otra vez. Siempre habrá algo más que aprender.

Amma insiste: «Hay que afrontarlo todo». Si tratamos de escapar de las situaciones, simplemente surgirán de nuevo. Hay que sacar el máximo provecho de cada situación que se produzca y tratar de hacerlo con una sonrisa en la cara. Tenemos que hacer esto con amor o será como una mala hierba: cortamos el tallo, pero dejamos la raíz creciendo en la tierra y volverá a florecer. Si aceptamos con valentía lo que nos suceda, podremos destruir las raíces de nuestros hábitos y tendencias negativas más profundas que salen a la superficie una y otra vez. Si tenemos una actitud positiva en todo lo que hacemos, nuestra vida será bendita con toda seguridad.

Capítulo 13

De la hierba a la leche

Amma ve el bien en todo. En todas las situaciones Amma sigue siendo humilde y nos muestra la verdadera entrega y aceptación. Ella dice: «Pensamos que la hierba no es tan importante, pero cuando la vaca se la come acaba convirtiéndose en la leche que nos alimenta. Así que realmente todo tiene importancia». Amma lo ve todo con una visión imparcial y con amor.

En una ocasión, durante una larga escala en un aeropuerto de Frankfurt, en Alemania, llevé a Amma a una sala para esperar nuestro vuelo. La mayor parte de las sillas estaban ocupadas. Los únicos asientos que pude encontrar estaban al lado de unos hombres que bebían cerveza.

Pensé: «Bueno, no tienen aspecto de ser muy escandalosos, al menos no tanto como los bebedores de cerveza australianos». Esperaba que quizá se limitaran a tomar un trago rápido y se fueran, pero subestimé totalmente la capacidad de resistencia de los bebedores de cerveza alemanes. Se quedaron todo el tiempo.

Me sentía muy mal por haberle ofrecido a Amma un asiento al lado de aquellos hombres con su lenguaje de bebedores de cerveza; pero a Amma no parecía importarle. Ella simplemente se sentó allí sin ningún problema. Amma se siente como en casa en cualquier parte del mundo. En lugar de estar distraída por los bebedores, contemplaba la nieve por la ventana. Dijo que la nieve le recordaba la espuma de las olas del mar en *Amritapuri*. Nos contó que de pequeña iba al mar y, durante algunos meses del año, la espuma de las olas tenía exactamente el mismo aspecto que esta nieve. Estaba encantada contemplando la nieve y recordando el mar. Me demostró que, esté donde esté, Amma solo ve lo positivo en todo y siempre recuerda sus cimientos de amor.

Una pareja joven se mudó a un nuevo vecindario. La primera mañana, cuando estaban desayunando, la mujer vio a su vecina tendiendo la colada en el exterior.

—Esa colada no está muy limpia —dijo—. No sabe lavar bien. Tal vez necesite un detergente mejor.

Su marido miró pero no dijo nada. Cada vez que la vecina tendía la ropa, la joven hacía comentarios parecidos.

Como un mes después, a la mujer le sorprendió ver tendida una colada cuidadosamente limpia y le dijo con entusiasmo a su marido:

—¡George, mira! Por fin ha aprendido a lavar bien la ropa. ¡Qué bien!¡Ya era hora! Me pregunto quién la habrá podido enseñar.

El marido respondió tranquilamente:

—Cariño, esta mañana me levanté temprano y limpié nuestras ventanas.

A menudo echamos la culpa a los demás de nuestros errores, cuando en realidad los problemas se deben a nuestra propia visión limitada.

Una vez leí un artículo alemán sobre un anciano al que le molestaba mucho oír la misma melodía una y otra vez. Decidió llamar a la policía y quejarse. Estaba enfadado porque sus vecinos ponían música a todas las horas del día y de la noche y pensaba que estaban intentando molestarlo adrede. Después de investigar, la policía descubrió que la verdadera culpable era una tarjeta musical de felicitación que tenía en su propia ventana. El viento la abría en ocasiones haciendo que sonara. Las cosas nunca son como pensamos.

Muchas veces queremos echarle la culpa de nuestros problemas a nuestro entorno exterior; pero nuestra actitud interior es la que realmente determina nuestra realidad. Vivimos en un mundo creado por nosotros mismos y nos resulta difícil salir de él. Todos experimentamos el mundo de manera diferente.

Por eso es por lo que necesitamos algo de ayuda suplementaria, la ayuda de un Maestro Perfecto. Su Gracia es absolutamente necesaria para sacarnos de la creación distorsionada que nos hemos hecho y para poder aceptar y entregarnos a la creación de Dios.

En presencia de Amma resulta mucho más fácil ver el bien en todo lo que nos rodea. Un día estábamos volviendo en coche al *ashram*, contentísimos de regresar después de varios meses fuera, cuando Amma dijo:

—¡Realmente, aquí lo tenemos todo!

Todos empezamos a añadir nuestro granito de arena sobre las cosas maravillosas que tenemos a nuestra disposición en *Amritapuri*. Amma dijo:

—Es como una fiesta todos los días.

Swamiji añadió:

—Sí, tenemos *pujas* todo el tiempo.

El conductor empezó a hacer sus propias aportaciones:

—Sí, en el *ashram* tenemos muchas clases maravillosas.

Después yo añadí:

—¡También tenemos pizza y helado!

Amma añadió:

—Y nuestro helado no tiene aire dentro. El helado que se toma fuera está batido, así que en realidad solo estamos tomando la mitad de la cantidad de helado y la otra mitad es aire.

Amma explicó con entusiasmo:

—Solo aquí te dan helado puro, porque está hecho totalmente a mano con devoción y *mantras*.

—¡Sí!¡También tenemos la piscina, y el *darshan* de Amma!

Estábamos emocionados. Nos sentíamos como si estuviéramos regresando a casa, al cielo en la tierra. Somos muy afortunados, porque era verdad.

La visión de Amma inspira la nuestra. La conciencia total permite que el amor fluya a nuestro alrededor, como le pasa a Ella vaya dondequiera que vaya; sin embargo, solo vemos la fachada exterior de las cosas. Solo vemos lo que queremos ver, y lo juzgamos todo con nuestra visión limitada. Es difícil para nosotros recordar nuestra verdadera esencia y nuestros cimientos de amor cuando estamos atrapados en nuestra propia mente; pero Amma puede ahondar más allá de la superficie para ver la verdad, la belleza y el amor que mora en el interior de todo. Que, con esfuerzo y con su Gracia, algún día seamos capaces de ver todo lo que hay en la vida con una visión pura, tal como Ella lo hace.

Capítulo 14

Postrándose ante toda la creación

Encontrar la paz y la alegría es la meta de todos en la vida. Cualquier cosa que hacemos es porque en realidad estamos luchando por ello. Si queremos ver paz en el mundo exterior, primero debemos encontrarla dentro de nuestra propia mente.

Todo lo que Amma hace está destinado a calmar la mente dubitativa que siempre nos está preocupando y a darnos el optimismo necesario para abrirnos a la Gracia. Amma sabe lo poco que creemos en nosotros mismos. Ella da orientaciones y bendiciones para ayudarnos a ajustar nuestras velas de manera que podamos capear cualquier tormenta que se nos acerque.

Un mes de noviembre una mujer quería desesperadamente venir como voluntaria a una gira

para estar con Amma ese tiempo suplementario
tan especial. Hizo todos los preparativos para el
vuelo, pero después cayó muy enferma. Aunque
estaba tremendamente disgustada, se vio obli-
gada a cancelar el viaje. No dejó de rezar con la
esperanza de que Amma la curase antes de que
llegara el momento de subir al avión, pero eso
no sucedió.

Como confiaba en Amma, a pesar de su
decepción trató de adoptar una actitud positiva,
aunque no entendía por qué había pasado eso.
Entonces recibió un correo electrónico en que
le informaban de que uno de sus alumnos había
sido asesinado y el funeral sería al día siguiente.

Cuando fue al funeral se encontró con
muchos de sus antiguos alumnos sin sus padres.
Acabó llorando con ellos y consolándolos a
todos. Podía sentir el consuelo de Amma flu-
yendo por sus brazos mientras abrazaba a los
angustiados adolescentes. Sabía que era sin duda
la Gracia de Amma lo que la había llevado a cancelar su vuelo para poder estar con sus alumnos
cuando la necesitaban.

Su corazón estaba con Amma, pero sus
manos estaban ocupadas haciendo ese servicio

tal y como a Amma le hubiera gustado. Amma se mueve por caminos misteriosos. A veces queremos que nuestro servicio sea exactamente como deseamos que sea y nada más, pero Dios puede tener otros planes para nosotros.

Dios nos ha puesto donde debemos estar en el mundo. Nada de lo que sucede es nunca un error. Nuestro reto es aceptar con alegría el plan divino. El significado literal de «hágase tu voluntad» se da cuando realmente podemos aceptar cualquier cosa que nos pase, entendiendo que todo forma parte del plan divino. Dondequiera que nos encontremos es para aprender algo, así que debemos tratar de aceptarlo.

La vida nunca resulta como pensábamos que iba a ser, y en especial la vida espiritual. Podemos tener que experimentar muchas dificultades, pero Amma nos recuerda que el más fuerte y el mejor acero solo se hace en el horno más caliente; sin embargo, todos sabemos lo difícil que puede resultar entregarse.

A menudo se me da la oportunidad de entregarme cuando hago de niñera al estar sentada detrás de Amma en los programas públicos. A veces he pensado que realmente deberíamos cobrar por ello, ya que el programa de Amma es el mejor servicio de guardería del mundo.

Con frecuencia he dicho que este es el único lugar del mundo en que se lleva a cabo un programa profesional con niños gateando por todo el escenario, riendo, hablando, llorando o discutiendo mientras alguien está intentando dar una charla o los músicos tocar. Dependiendo de lo traviesos que sean, he llegado a tirarles de las orejas para mantenerlos callados.

Una noche que estaba sentada con esos niños tuve un destello de comprensión. Entendí por qué Amma me está dando esa oportunidad: en lugar de estar haciéndoles yo un favor cuidándoles, en realidad los niños están ayudando a despertar algo en mí. Amma está tratando de despertar la Maternidad Universal en mí y en todos nosotros, no solo en las mujeres que han tenido hijos. Así que eso es un regalo que me está haciendo para acercarme a mi despertar.

Amma se ocupa de cada uno individualmente. Ella es el catalizador de todo lo que necesitamos que venga a nosotros en nuestra vida. Es algo que se produce espontáneamente cuando entramos en contacto con un *mahatma*.

Si somos capaces de entregarnos, Ella nos llevará a un estado de perfección.

Lo que viene a nosotros es solo para nuestra bendición. Cultivad la humildad necesaria para recibir todo en la vida como un regalo y será un hermoso viaje. Si tenemos los ojos inocentes de un niño, lo aceptamos todo y lo aprovechamos como lecciones para nuestro crecimiento, el viaje de la vida será una experiencia extraordinaria.

En una ocasión, embarcando en un vuelo con Amma, cuando entrábamos en el avión le di la tarjeta de embarque al auxiliar de vuelo. Él me preguntó jovialmente:

—Dígame, ¿cuál es su color favorito?

Tengo que admitir que me sentí un poco molesta por una pregunta tan tonta, pero parecía muy entusiasmado, y todavía tenía en sus manos mi tarjeta de embarque.

Pensé un momento qué podía responderle. Una respuesta sarcástica empezó a emerger... pero después decidí simplemente entregarme y hacerle feliz, así que respondí:

—¡El naranja!

—¡Sí! —dijo— ¡Esa es la respuesta correcta!

Estaba tan emocionado de que hubiera respondido bien que me dejó seguir mi camino. En realidad, le mentí... solo por hacerle feliz diciendo lo que él quería oír. ¿Creéis que el naranja es realmente mi color favorito?

Cuando somos capaces de entregarnos nos sentimos muy bien y hacemos que los demás también se sientan bien. Solo entonces puede la corriente divina fluir por nosotros. Amma dice que cuando nos postramos no solo nos estamos inclinando ante otras personas sino ante toda la creación.

Los desafíos no se nos dan en la vida para tratar de destruirnos sino para que emerjan las verdaderas capacidades que están sin explotar en nuestro interior. Aprendemos más de las dificultades si las vemos como pruebas que se nos dan para crecer, para fortalecernos y purificarnos la mente.

Por muchos problemas que puedan surgir en la vida, debemos tratar de hallar la ecuanimidad. Entonces seremos como una flor de loto que crece con fuerza en medio de la suciedad y el barro. Hay lecciones preciosas que nos llegan disfrazadas de muchas maneras distintas.

Cuando aprendemos a entregarnos a ellas se revela la belleza oculta que se halla en todas las circunstancias de la vida.

Capítulo 15

Completa entrega

Amma dice que los *mahatmas* pueden cambiar nuestro destino, pero que si lo hicieran quizás no aprenderíamos las lecciones que tenemos que aprender en las experiencias que se nos presentan. Los *mahatmas* como Amma están entregados por completo a la voluntad de Dios: ven que todo está en su lugar debido y que nuestro destino se ajusta a lo que tiene que ser. La forma de proceder de Amma no es ir contra la voluntad de Dios cuando Este nos envía un sufrimiento por alguna razón, puesto que, en definitiva, todas nuestras experiencias tienen el objetivo de ayudarnos a crecer.

Si Amma nos librase de todo lo que tiene que sucedernos, podríamos recaer y repetir los mismos errores. Tenemos que intentar asimilar la esencia de las enseñanzas que recibimos de las experiencias adversas de la vida. Esas experiencias nos llegan hechas a medida para nosotros por la voluntad divina.

Una vez leí el relato asombroso de una neuróloga cuya vida cambió por completo después de haber experimentado un ataque vascular cerebral. Un día cayó fulminada por un gran coágulo cerebral en el hemisferio izquierdo; no obstante, y en medio de su sufrimiento, fue capaz de mantener la conciencia clara de lo que le estaba pasando.

Su especialidad científica consistía precisamente en el estudio del funcionamiento del cerebro. Gracias a ello pudo aislarse de su propia experiencia para ser por completo un testigo de la misma mientras la estaba padeciendo. Pudo observar su cuerpo y seguir uno a uno todos los síntomas: un dolor terrible, dolores de cabeza y pérdida de sensibilidad en el brazo. Su formación y su conciencia le permitieron observar al mismo tiempo cómo funcionaba su cerebro.

Salió del hemisferio izquierdo del cerebro, entró en el derecho y tuvo una experiencia extracorpórea en la que abandonó por entero su conciencia normal. Esa experiencia le reveló la maravilla del universo que se puede ver y sentir cuando somos capaces de trascender los límites del cuerpo y la mente.

Tendemos a levantar una barrera pensando: «Yo soy este» y todo lo demás no soy yo. En aquellos momentos la mujer fue capaz de trascender esa visión limitada y se unió con todo. Tuvo una aventura increíble, en la que vio la belleza de cada átomo del cosmos y cómo está formado. Siguió volviendo al cuerpo y sintiendo los síntomas físicos del ataque; pero también fue capaz de ir más allá de aquella experiencia.

Ese ataque resultó ser un acontecimiento muy positivo y luminoso en su vida. Durante unos momentos consiguió ir más allá de su «yo» pequeño, con todos sus problemas, y experimentar la exquisita belleza del «Yo» y descubrir de verdad lo que se siente siendo una con el universo. A ella le resulta casi increíble haber realizado ese descubrimiento mientras sufría un ataque.

Aquella experiencia le cambió totalmente la vida. Pudo entender las posibilidades que tenemos todos nosotros. Era una científica, no una persona espiritual; pero da lo mismo que nos consideremos espirituales o no. El camino hacia la comprensión del sentido de nuestra vida es para todos.

Hemos vivido sin verdadera conciencia la mayor parte de nuestra vida, y hemos acabado acostumbrándonos a vivir de ese modo. La mayor parte de las personas viven a ciegas, desconociendo las verdaderas posibilidades de lo que podemos conseguir con nuestro nacimiento humano.

Amma nos recuerda que todos somos capaces de alcanzar la cumbre de la existencia humana abriendo el capullo cerrado de nuestro corazón.

No tiene nada de malo pedirle a Amma que nos ayude, rezar por nuestras intenciones y necesidades o incluso por lo que nos parece una injusticia en la vida. Podemos orar libremente por todo; pero en última instancia tenemos que desapegarnos de ello. Mientras permanecemos apegados a todas las fantasías que nos fabricamos en la mente, no podemos experimentar el mundo tal como es en su auténtica realidad.

Amma siente tanta compasión por las penalidades del mundo que siempre nos apoya al máximo en pensamiento, palabra y obra tratando de hacernos lo bastante fuertes para soportar lo que nos corresponda; pero por supuesto, Ella no va a quitarnos todos los sufrimientos.

Una devota de Suiza me hizo partícipe de una historia que ejemplificaba esta verdad. Me contó lo siguiente:

«Hace diez años tuve un tumor sebáceo en la espalda. Como iba aumentando de tamaño, Le pregunté a la Madre qué tenía que hacer y me recomendó que se lo preguntara al médico. Cuando fui al especialista, me dijo que precisaba una intervención porque el tumor podía ser maligno.

«Yo no estaba realmente asustada. Por una parte, seguía dudando de que tuviera cáncer y, por otra, sabía que contaba con la protección de la Madre. Confiaba en Amma y creía firmemente que lo que me ocurriera sería solo por mi bien.

«Programé la operación para después de la visita de Amma a Europa, para poder tener su bendición. Cuando la Madre llegó a Suiza, se lo conté todo y Ella se mostró muy cariñosa y amable conmigo. Me acarició el tumor y le preguntó a mi esposo cómo íbamos a organizarnos para cuidar de nuestros dos hijos. Amma es la mejor Madre del mundo y la mejor amiga que he tenido.

«En Múnich, pocos días antes de la operación, fui al *darshan*. Amma me miró profundamente a los ojos. Me pidió mi número de teléfono y me preguntó si podía llamarme después de la operación para ver cómo había ido. Me sentí abrumada por su compasión y solicitud. Las lágrimas me bañaban las mejillas.

«Después de la operación, el médico llamó a mi marido y le dijo que todo había ido bien, pero que era muy probable que el tumor fuera maligno porque había afectado a los músculos del entorno.

«Cuando supe que podía tratarse de cáncer, me horroricé. Mi mente pugnaba interiormente con la Madre, preguntando: "¿Por qué tengo que pasar por esto? ¿Qué va a ser de mis hijos si muero? ¿Por qué me has abandonado?".

«Sentí la presencia de Amma entrar en mi habitación del hospital y sentarse a mi lado en la cama. Me sentí inundada por su amor y su paz. Por fin, me rendí a la posibilidad del cáncer, recordando que todo era solo por mi bien.

«Al cabo de una semana me entregaron los resultados de las pruebas. El médico se presentó en mi habitación; parecía un tanto confuso. Dijo que el resultado de las pruebas era increíble, que el tumor era benigno, pero que él no lo creía así. Quería repetir las pruebas y comunicarme el resultado. Yo me sonreí y sentí a la Madre sentada a mi lado. Llegó el resultado de las segundas pruebas: no había cáncer. Me dieron permiso para volver a casa con mi familia.

«Cuando le di las gracias a Amma por haberme salvado la vida, Ella me respondió con humildad: "Lo que hizo que el tumor se modificara fue la Gracia de Dios"».

Tenemos que ser fuertes para afrontar todo lo que nos sobrevenga, teniendo en cuenta que los retos de la vida son siempre bendiciones encubiertas, destinadas a favorecer nuestro crecimiento. Si podemos recordarlo, el viaje nos resultará más fácil. Sin embargo, solemos rebelarnos contra todo lo que nos ocurre, pensando que otro tiene la culpa o que no es justo.

Si nos rebelamos contra todo, siempre tendremos que sufrir. Dios no nos envía el dolor para castigarnos. El dolor se manifiesta para abrirnos el corazón y que seamos capaces de entender con mayor profundidad quiénes somos en realidad. Si aprendemos a aceptar, quizá también podamos algún día encarnar esa completa entrega que nos atrae tanto en Amma. Ella acepta la corriente de la vida con todas sus sorpresas. Esa aceptación es lo que permite la entrada de la Gracia divina.

Capítulo 16

La corriente de la Gracia

La Gracia nos sostiene siempre cuando más lo necesitamos. Es el factor añadido que nos hace la vida más agradable y nos ayuda a superar todas las dificultades. El optimismo es lo que permite que la Gracia entre.

La excepcional corriente de Gracia que nos llega de un *mahatma* vivo puede realmente cambiarnos la vida. La Gracia de Amma fluye continuamente hacia cada uno de nosotros. No es que Amma quiera a unos más que a otros, sino que algunos descubren un modo de abrir el corazón para sintonizarlo con la Gracia, mientras que otros abren un paraguas que los aísla de su corriente. En cualquier lugar donde te encuentres, comprende que Amma trasciende la ley cósmica del tiempo y el espacio. Su Gracia puede fluir hacia ti dondequiera que estés.

La Gracia de Dios siempre nos encuentra cuando llevamos una vida de devoción. Amma ha prometido formalmente que las oraciones que nos salgan verdaderamente del corazón Le llegarán a Ella. Podemos tener una conexión directa con Ella. La línea telefónica no está nunca ocupada si enviamos esas oraciones directamente, y el sistema cósmico de comunicación no tiene cargo alguno.

He aquí una historia que demuestra el bellísimo florecimiento de la Gracia: Al terminar los estudios, una joven Le preguntó a Amma que qué debía hacer con su vida. Amma le dijo que estudiara medicina y le propuso que lo hiciera en la facultad de medicina de AIMS, en la India. La joven quedó muy sorprendida porque no había destacado en los estudios y, además, padecía una grave alteración visual que le dificultaba notablemente la lectura. Como sabía cuánto había que estudiar en la carrera de medicina, nunca habría imaginado que fuera capaz de hacerla.

Sin embargo, como Amma insistió en que lo intentara, ella se entregó llena de fe y se matriculó en la facultad de medicina de AIMS.

La mayoría de los que conocíamos a la joven dudábamos de que pudiera tener éxito y completar todos los años necesarios de difícil estudio; pero, de alguna manera, los fue aprobando uno tras otro.

Cuando llegaron los exámenes finales, la persona que todos pensaban que sería la primera entre los treinta alumnos de la clase —la que solía sacar las mejores notas— terminó suspendiendo. En cambio, en contra de sus propias expectativas y las del resto de la clase, aquella joven con el problema visual tuvo unas notas tan buenas que acabó entre las cinco primeras de la clase.

Me asombró escuchar de sus labios que, entre toda la clase, las seis estudiantes que eran devotas de Amma acabaron teniendo las mejores notas. La que había podido asistir menos, debido a los desplazamientos con Amma, obtuvo la calificación más alta.

Con este ejemplo no quiero decir que si te haces devoto de Amma ya no tienes que estudiar;

pero hay que ser consciente del poder milagroso e insondable de la Gracia que puede desplegarse en nuestra vida si nos abrimos y permitimos que fluya por nosotros.

Lo importante es hacer el esfuerzo necesario al principio, porque de lo contrario a la Gracia de Dios le resulta muy difícil entrar. Después de esforzarnos al máximo, solo tenemos que confiar en la Gracia para que nos guíe. Cuando nos entregamos a Amma y sintonizamos la mente con Ella, la Gracia simplemente se manifiesta.

El esfuerzo es esencial para abrirse a la Gracia. Amma pone este ejemplo: si vamos a viajar en coche por la montaña, antes tenemos que revisar el motor y los frenos para comprobar que funcionen bien. Debemos asegurarnos de que en el motor haya suficiente gasolina, aceite y agua, y que el parabrisas esté limpio. Después de haber hecho eso intentando al máximo que todo esté en orden, hay que dejar lo demás a la Gracia de Dios.

Una devota de California tiene un hijo adolescente con una enfermedad muy infrecuente que lo había dejado con una mente infantil sin desarrollar. Su madre solía sentarse con él cada día en el sofá empeñándose, año tras año, en enseñarle a leer. Cuando el chico cumplió quince años, a la madre le preocupaba la posibilidad de que quizá nunca llegara a aprender.

Sin saber qué más hacer, esa madre acudió a Amma en busca de ayuda. Amma le dijo que le trajera un bastoncillo de sándalo para bendecirlo. La madre consiguió uno y fue al *darshan* con su hijo. El chico tomó el sándalo de la mano de su madre y se lo dio él mismo a Amma mirándola fijamente a los ojos. La madre estaba asombrada del comportamiento de su hijo, que nunca miraba directamente a nadie. Amma también lo miró y le devolvió el bastoncillo de sándalo después de bendecirlo.

El joven se aplicó diariamente la pasta de sándalo en la frente y asombrosamente empezó a aprender a leer. Dos años más tarde, su madre me ha comunicado que ya lee libros de quinientas páginas que toma prestados en la biblioteca. También lee el periódico todos los días. Estudia las columnas de los periódicos y después escribe a los gobernadores para salvar a los condenados a muerte. Trabaja por la paz y la justicia enviando las cartas que le parecen convenientes. Su madre dice que ahora su hijo sabe mucho más que ella de política.

Ese chico siempre tendrá un menor desarrollo mental, pero, como las bendiciones de Amma le han dado un corazón de oro, conoce la forma dhármica de actuar que tiene que seguir.

Estamos muy bendecidos por tener la guía de la luz de una gran alma como Amma, que irradia esperanza sobre nuestro camino mostrándonos la ruta por donde avanzar seguros en este mundo loco y estos tiempos tan difíciles. Siempre hay que intentar aferrarse a la esperanza aunque creamos que el mundo entero está en contra de nosotros. Procura por todos los medios ganarte esta espléndida Gracia del *guru*. Para ello solo hace falta realizar el esfuerzo correcto y cultivar la actitud mental adecuada.

Capítulo 17

Guiando nuestros pasos

Amma nos demuestra de todas las maneras posibles que siempre está con nosotros. Llega a todos los extremos con su cuidado y protección. En cualquier punto del mundo donde podamos hallarnos, Ella vela por nosotros con un amor divino que nunca nos abandona.

En Australia se me presentó una mujer que me contó una historia casi increíble. Quería darle a su hija algún amuleto especial que la protegiera en un próximo viaje a Sudamérica, y decidió comprarle una tobillera de cuentas de *rudraksha* que Amma se había puesto.

Desgraciadamente, su hija enfermó gravemente en pleno viaje en una pequeña aldea. La joven no entendía la lengua local y no tenía consigo a nadie que pudiera ayudarla. Una mujer de la aldea se dio cuenta de que estaba enferma y se le acercó. Al ver la tobillera en la pierna de la chica, la señaló y preguntó:

—¿Amma?

Aunque cada una no entendía el idioma de la otra, descubrieron una palabra que creaba un vínculo universal entre ellas.

Aquella mujer acogió a la chica en su casa. La joven se sintió asombrada y agradecida al ver una imagen de Amma en la pared de aquella casita rústica. La mujer había conocido a Amma y había tenido su *darshan* en uno de los programas de Chile. En la entrada de la casa destacaba una fotografía de los pies de Amma.

Cuidó a la joven hasta su completa recuperación. Más tarde la chica contó a su madre por teléfono lo sucedido. Había sentido que Amma le había salvado la vida y la había protegido con enorme dulzura en un momento de necesidad.

Gozamos de la presencia de la mayor y más compasiva maestra iluminada que haya vivido en la Tierra. Ella nos ofrece su protección y la brisa fresca de su Gracia en medio del desierto de la vida. Ella nos protege hasta cuando los tiempos y las situaciones parecen difíciles. Tal vez tengamos que sufrir un poco. Ese puede ser nuestro destino; pero Amma ofrece a todos su sombra. Siempre está ahí. Lo ha prometido.

Un devoto escribió este relato sobre su experiencia con Amma:

«Era a finales de la pimavera de 2007. Me estaba preparando para ir a ver a Amma en Puyallup, cerca de Seattle, para tener su *darshan*.

«Ese día me sentía muy emocionado, porque mi mejor amigo había llamado para decirme que quería asistir conmigo al programa. Ese amigo nunca antes había mostrado interés por ver a Amma. Yo llevaba años pidiéndole que viniera, incluso insistiéndole a veces, pero siempre se había resistido a ir a verla. El año anterior le había llevado a Amma una foto de mi amigo para asegurarme de que recibiera sus bendiciones, aunque nunca se lo había dicho. Inmediatamente después de eso, cambió de opinión y decidió ir a ver a Amma. Ese fue el primer pequeño milagro.

«Llegado el día, me estaba vistiendo y me sentía dichoso de llevarlo conmigo por primera vez. Conduciendo por la autopista para ir a recogerlo, me sentía eufórico de alegría y gratitud. Me veía envuelto en oleadas de felicidad y las lágrimas me bañaban las mejillas. Tenía que hacer un gran esfuerzo para concentrarme en la carretera.

«Llegué a su casa y después nos dirigimos a Puyallup. Conducía por el carril rápido, deseoso de llegar cuanto antes al evento. De improviso, el motor del coche se paró. Advertí la caída del velocímetro. Ni el volante ni los frenos respondían. No había nada de energía. Ese día el tráfico era muy intenso pero, no sé cómo, el coche cruzó los cuatro carriles sin percance y se detuvo en el arcén de la carretera. No puedo explicar cómo un coche sin ninguna energía, que debía haberse parado por completo, se las arregló para cruzar todo el tráfico, pero es lo que hizo. Es el milagro de la Gracia de Amma. Aquel día Ella nos salvó la vida.

«Una vez recobrado el aliento y cuando dejamos de mirar a nuestro alrededor, traté de conectar el encendido y oí un ruido alarmante en el motor. Salimos del coche, abrí el capó y comprobé que el motor había ardido. El fuego se había apagado, pero el motor seguía humeando y el capó estaba muy quemado.

«¿Qué podíamos hacer? Estábamos tirados en la autopista con un coche que ese día no nos iba a llevar a ningún lugar. Pedimos ayuda y conseguí que nos remolcaran de vuelta a la casa de mi amigo. Él pensaba que quizá fuera una señal de que no debíamos ir a ver a Amma, pero yo no quería oír hablar de ello. Le dije que fuéramos en su coche, porque era absolutamente necesario que asistiéramos.

«Llegamos tarde a la sala del *darshan*, a pesar de lo cual nos dieron números. Con gran sorpresa y satisfacción vi que nos habían dado números bajos, lo que significaba que podríamos ver a Amma relativamente pronto.

«Cuando me hallaba en brazos de Amma, un grupo de devotos se puso a cantar. Uno de ellos entonó un solo —desafinado— con tanta devoción que Amma escuchó transportada toda la canción. Me tuvo en sus brazos todo el tiempo, acunándome y riéndose. Me sentí descargado de todas las inquietudes y preocupaciones. Mientras me abrazaba y me consolaba sentía que sabía exactamente lo que nos había ocurrido. Fue el *darshan* más largo que he tenido.

«Mi amigo recibió el *darshan* justo después y su experiencia con Amma le emocionó profundamente.

«Pienso realmente que Amma nos salvó la vida aquella tarde. No me cabe ninguna duda de que la Gracia de Amma condujo nuestro coche ese atardecer hasta dejarlo a salvo. Los ojos se me llenan de lágrimas cuando escribo estas palabras. Amma me ha cuidado continuamente a lo largo de los años, me ha guiado y ha sido mi constante compañera. Siempre me mantendré en su regazo. Ella es mi

verdadero aliento y tiene todo el amor y
la devoción de mi alma».

Con solo un poco de esfuerzo y de fe, empezaremos a ver la suave mano de Amma guiando
todos nuestros pasos. Tenemos que cultivar la
fe de que un nivel superior de la Divinidad nos
está llevando a salvo por todo lo que nos sucede,
porque verdaderamente Ella lo está haciendo.

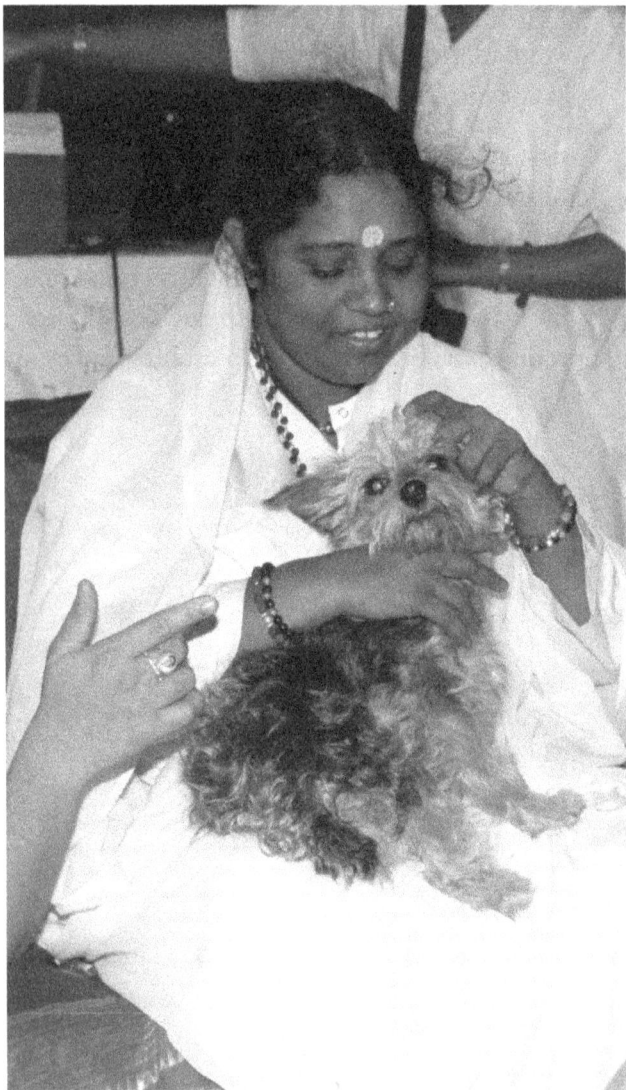

Capítulo 18

Cultivando una fe inocente

Cuando observamos a Amma, es importante que no La juzguemos por lo que la vemos hacer. Es mejor aceptar sencillamente sus acciones sabiendo que son siempre para lo mejor. Todo lo que hace es solo por nuestro bien. Nosotros habitamos en este mundo de tres dimensiones, pero la conciencia de Amma vive en otro lugar completamente distinto. ¿Quién sabe cuántas dimensiones hay allí?

Una vez unos científicos atómicos Le preguntaron:

—¿Podría explicarnos el hecho de la creación?

Ella les respondió:

—La creación tiene lugar en una dimensión superior. Vosotros solo vivís en tres dimensiones, por lo que vuestra mente no es capaz de ir más allá de ellas para comprender.

No hace falta entender, solo hay que tener fe y confianza.

Hacer el esfuerzo consciente de adquirir fe en alguien como Amma es un acto tan puro que nos atrae una cantidad incalculable de bendiciones en esta vida. Tenemos que desarrollar una fe firme en que Amma escucha todas nuestras oraciones. Tenemos mucha fe en pequeñas cosas de la vida creyendo a muchas personas necias que nos dicen tonterías. Procurad adquirir la convicción de que Amma escucha nuestras plegarias, nuestros deseos y nuestros anhelos. Podemos conectarnos completamente con Ella estableciendo un vínculo de amor, porque el Amor puro no conoce distancias.

Una mujer me dijo que siempre había dudado de que Amma realmente la quisiera o la necesitara. Siempre había tanta gente en las multitudes que la mujer se preguntaba si verdaderamente le echaría de menos si ella no estaba. Y decidió ponerle a prueba a Amma, pensando: «Si Amma realmente quiere que esté aquí, hará que me quede para el programa».

Como no le llegó ninguna señal de que se quedara, decidió: «Bueno… me voy al coche. Me voy. Amma no me ha dado ninguna señal».

Salió, se fue al coche y trató de ponerlo en marcha, pero no pudo arrancarlo y se enojó. ¿Por qué no arrancaba el coche? Se quedó allí inmovilizada, habiendo olvidado que Le había pedido una señal a Amma. Se rindió al hecho de que estaba atrapada en el programa durante toda la tarde.

Al final de la noche pensó: «Ya es hora de irme. A ver si arranca el coche». Volvió al coche, accionó la llave y el motor arrancó de inmediato, permitiéndole irse a su casa sin problemas. Todavía tardó algún tiempo en reconocer que, cuando quiso probar a Amma, la respuesta se le había presentado de una forma que nunca habría imaginado.

Queremos que todo el universo venga a nosotros de la manera que espera nuestra pequeña mente; pero las cosas no suelen funcionar así.

Cuando alguien se ha manifestado ante nosotros como Amma lo ha hecho, ya es hora de dejar de dudar, porque solo Ella sabe realmente lo que es correcto, lo que es verdadero y lo que necesitamos. A nosotros nos corresponde postrarnos y entregar nuestro ego, y no juzgar con nuestra visión distorsionada.

Amma se sirve de una encantadora anécdota para explicar la clase de fe que tenemos que cultivar para oír con claridad la voz del Maestro que está en nuestro interior:

Una aldea había sufrido una sequía muy prolongada. No había recibido ni una gota de lluvia en mucho tiempo. Sus habitantes decidieron celebrar un ritual para atraer la lluvia. La noche del ritual miles de personas se congregaron para participar en el acontecimiento. De esos miles de asistentes, solo una niña había acudido provista de paraguas. Algunas personas le preguntaron:

—¿Por qué traes paraguas con un día tan despejado?

La niña respondió:

—Bueno, es que después del ritual va a llover, ¿verdad? Lo he traído para no mojarme.

Aunque el sol brillaba en todo su esplendor, ella creía firmemente que iba a llover. Llevaba paraguas porque en su mente no había duda alguna sobre la eficacia del ritual. Solo esa niña

tenía una fe completa e inocente, que es la clase de fe que un discípulo tiene que adquirir.

Por la fe es como despertamos nuestra fuerza y nuestras capacidades interiores. La fe nos permite desarrollar la confianza en nosotros mismos, la confianza en nuestro verdadero Ser. Esa confianza en uno mismo nos ayuda a acercarnos a la Divinidad interior. Amma dice que todos tenemos a Dios dentro de nosotros, pero que no nos damos cuenta de esa presencia. Por la fe y la entrega es como nos acercamos a esta comprensión. Cuando emprendemos el viaje hacia esa fuente somos mucho más capaces de sentir la presencia divina en nuestro interior.

Hemos nacido para aprender a dominar nuestra mente y poder así ver la belleza de la Divinidad en todas partes, como hace Amma. Este mundo no es más que una manifestación divina. Tenemos que aprender a nadar en las olas de la existencia, aunque a veces esas olas amenacen ahogarnos. Tenemos que aprender a bailar bajo la lluvia, como le encanta hacer a Amma. Conseguir hacerlo es como alcanzar la cumbre de la espiritualidad.

Amma escucha nuestras oraciones y problemas y nos da muchas cosas. Acoge a todos en el *darshan* durante horas y horas. Al hacerlo, nos infunde la fe de que, si Ella puede hacer eso, también nosotros podemos vencer cualquier problema. Y entonces somos realmente capaces de hacerlo.

Amma nos ha regalado muchos recuerdos hermosos y especiales. Son como piedras preciosas que guardamos en el joyero de nuestro corazón. ¡Que la recordemos como nuestro fundamento y que los valores del amor, la generosidad y la gratitud brillen en nuestra vida!

¿Por qué no imaginar que Amma nos está llevando de la mano y nos está guiando hasta el final? Porque realmente lo está haciendo; y nunca nos va a soltar.

Guía de pronunciación general

Las palabras indias aparecen en cursiva en el libro —excepto «Amma»— y están en la transcripción original inglesa. En esta guía indicamos cómo se pronuncian aproximadamente en español, así como el género de los sustantivos en nuestra lengua (femenino / masculino = f / m). En cada país o región hispanohablante la pronunciación del español es diferente. Aquí adoptamos la pronunciación castellana.

Hay que pronunciar las letras de la transcripción española como si fuera una palabra española, con las siguientes excepciones:

- La letra *sh* suena como en inglés (*shock*).
- La letra *j*, también como en inglés (*John*).
- La letra *h* siempre aspirada, como en inglés (*house*), nunca muda como en español.
- La letra *r* siempre suave, como en *cara*, no como en *rosa*, aunque vaya a principio de palabra.

Cuando la palabra se pronuncie en español igual que se escribe en inglés, ponemos íd., para abreviar.

Amala Bharatam: Ámala Bháratam (m)

Amma: íd. (f)
Amritapuri: Ámritapuri (f)
asana: ásana (m)
ashram: áshram (m)
Bangalore: Bangalor
bhajan: íd. (m)
bhakti: íd. (f)
bhaya bhakti: íd. (f)
brahmachari: íd. (m)
brahmasthanam: brahmasthánam (m)
darshan: íd. (m)
dharma: íd. (m)
ghee: ghi (f)
guru: íd. (f/m)
Hyderabad: Háiderabad
jnana: jñana (m)
karma: íd. (m)
Kerala: Kérala (m)
Kuchela: íd. (m)
kuruvi: kuruví (m)
mahatma: íd. (f/m)
Mangalore: Mangalor
mantra: íd. (m)
padapuja: íd. (f)
peetham: pítham (m)

pratishtha: íd. (f)

puja: íd. (f)

Radha: íd. (f)

rudraksha: íd. (m)

samsara: íd. (m)

sankalpa: íd. (m)

sannyasi: íd. (m)

Satguru: Sátguru (f/m)

satsang: sátsang (m)

seva: íd. (f)

Sri Krishna: Shri Krishna (m)

Swámiji: Suámiji (m)

Swamini Krishnamrita Prana: Suámini Krishnámrita Prana (f)

vedanta: íd. (m)

Yamuna: Yámuna (f)

yoga: íd. (m)

www.ingramcontent.com/pod-product-compliance
Lightning Source LLC
Chambersburg PA
CBHW061828040426

42447CB00012B/2869